故事里的中国历史

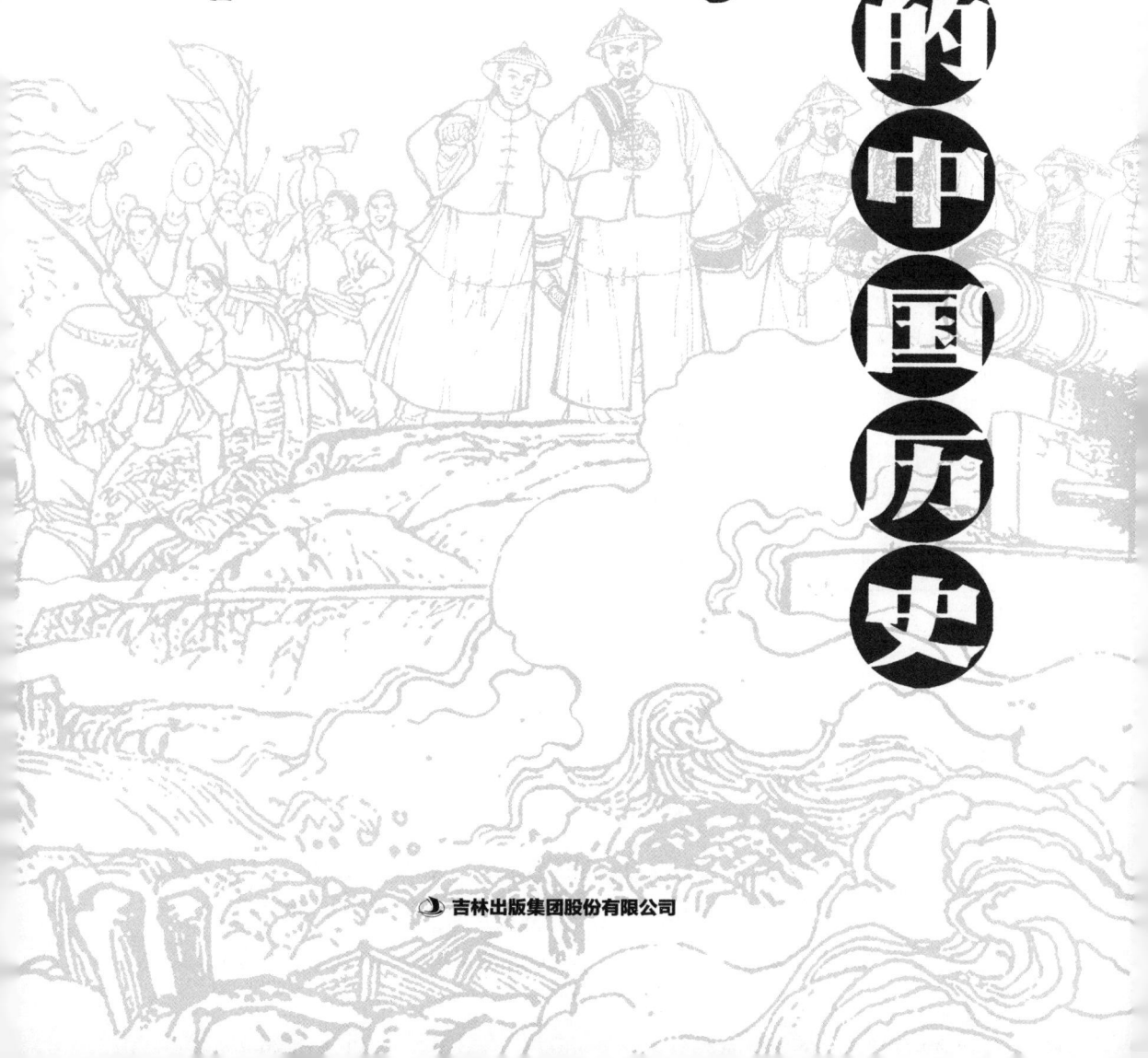

清朝故事

林力平 著

吉林出版集团股份有限公司

图书在版编目（CIP）数据

清朝故事 / 林力平著 . -- 长春 ： 吉林出版集团股份有限公司，2023.6
（故事里的中国历史）
ISBN 978-7-5731-2862-1

Ⅰ．①清… Ⅱ．①林… Ⅲ．①中国历史－清代－青少年读物 Ⅳ．① K249.09

中国国家版本馆 CIP 数据核字（2023）第 096212 号

QING CHAO GUSHI

清朝故事

著　　者：林力平		绘　　图：冯　戈　高国飞		
出版策划：崔文辉		装帧设计：观止堂＿未　泯		
项目统筹：郝秋月		责任编辑：赵晓星　孙　瑶		
选题策划：赵晓星				

出　　版：吉林出版集团股份有限公司
　　　　　（长春市福祉大路5788号，邮政编码：130118）
发　　行：吉林出版集团译文图书经营有限公司
　　　　　（http://shop34896900.taobao.com）
电　　话：总编办 0431—81629909　营销部 0431—81629880/81629881
印　　刷：长春新华印刷集团有限公司

开　　本：170mm×240mm　1/16
印　　张：17.5
字　　数：180千
印　　数：1—10000
版　　次：2023年1月第1版
印　　次：2023年6月第1次印刷
书　　号：ISBN 978-7-5731-2862-1
定　　价：39.80元

（印装错误请与承印厂联系　电话：0431—86059088）

序

　　我和林力平先生相识已有近三十年的时间了。他待人宽厚，处事随和，给我留下了深刻的印象。相识不久，我得知林先生的祖父就是著名的教育家、历史学家、文字学家林汉达，其家学渊源有自。如今欣闻林老长孙林力平薪火相传，祖孙共著历史故事，真是一大幸事。

　　记得我在很小的时候，就拜读过林老撰写的《东周列国故事新编》《前后汉故事新编》及《中国历史故事集》，虽然由于年少，尚未从事专职历史研究工作，然而从书里了解到许多历史常识，受益颇深。林老的著作深入浅出，通俗易懂，的确是非常有趣的少儿读物；而林老的大家风范，更是给我留下了深刻印象。

　　转眼半个世纪过去了，林老的著作在今天仍然有着广泛而深远的影响，是弘扬中华优秀传统文化极好的教材。几年来，林力平先生秉承林老的遗志，事必躬亲，继承和发扬了前辈的治学精神，将这套中国历史故事加以改写和续写，夜以继日地完成了祖父生前的遗愿，洋洋洒洒近 80 万字，堪称巨制，为广大青少年读者朋友献上了崭新的篇章，也是对林汉达老前辈最好的纪念。

作者在书中娴熟地运用通俗化的语言文字，将千古兴亡的历史故事娓娓道来。读来情趣盎然，新意迭出，颇显家学风骨。书中对主要事件梳理清晰，衔接有序；对人物描绘生动，刻画细腻。清晰明快的语言，将历史人物的心理刻画得惟妙惟肖。文中对话声情并茂，呼之欲出，与人物形象浑然一体；夹叙夹议的写作手法，犹见在理性的思辨中，以饱含人性的笔墨再现千年青史，如同一幕幕的动态影像，呈现在读者面前。

吉林出版集团在林汉达《中国历史故事集》的基础上，融入林力平先生续写的相关部分，将这部中国历史从先秦时期一直讲到清朝末年。这项举措，彰显了出版单位的睿智与魄力。我曾经自拟一副对联："千秋功过评非易；万般学问治史难。"

衷心期盼林力平先生续写完成的《故事里的中国历史》，能够让更多的青少年朋友了解祖国的历史，洞察人类社会发展的大趋势。

北京市社科院历史研究所研究员　王岗

于 2022 年 10 月 30 日

自序

　　爷爷林汉达生于1900年，是中国著名的教育家、历史学家、语言学家、文字学家和翻译家，曾任燕京大学教授、教务长，中华人民共和国教育部副部长。爷爷生前一直从事教育工作、通俗历史读物写作和中国文字改革工作，是语文现代化的倡导者和推动者。

　　从上世纪五六十年代起，他开始致力于用通俗化的现代汉语撰写中国历史故事。自20世纪60年代起，陆续出版了《东周列国故事新编》《前后汉故事新编》《三国故事新编》《中国历史故事集》《上下五千年》等作品。爷爷写的这些历史故事文风幽默，通俗易懂，囊括了从我国春秋、战国、西汉、东汉一直到三国末期上千年发生的历史故事，成为我国最早使用通俗语言讲述真实历史故事的开山鼻祖，至今读来脍炙人口，成为千家万户书架上的必备书目。半个多世纪以来，这些作品伴随着一代代青少年的成长，深受广大读者朋友们的喜爱。

祖孙之情，不忘教诲——

我是爷爷的长孙，从小就和爷爷奶奶共同生活在北京西单辟才胡同的一所小院里。记得上小学时，我做完功课就常推开爷爷书房的门，站在他对面按着书桌，调皮地轻声念着爷爷刚写出来的每一个字。他总是从老花镜后面抬眼看我一下，之后继续写他的书。窗明几净的书房里，宁静得只有钢笔尖在稿纸上沙沙作响的声音。

记得上五年级高小毕业班时，有一次放学后，我在爷爷的书桌前站着看他写作良久，就想溜到小院里去玩儿一会儿，谁知刚一挪步，爷爷却开口了："先别走，今天帮我做点活儿。"我一听爷爷给我下任务，不禁兴奋起来，接着开始按照爷爷的要求，标注书中一些汉字的拼音，誊写一两页爷爷刚刚修改过的手稿，然后用普通话的发音朗读给他听。

从小学到中学，秉承爷爷的谆谆教诲，我至今仍清晰地记得，他给我在语文学习上确定的方向，即"通俗化、口语化、规范化"。这对我一生的学习和写作影响巨大。作为爷爷身边的长孙，我比较熟悉他的行文笔触、用语习惯，并且有幸经常得到他老人家的悉心指导，受益匪浅。

记得上中学时，有一天爷爷把我拉到他身边，语重心长地对我说："我身体已经不如从前了，希望你将来能够继承我的事业，把我没有写完的历史故事续写完成。"我含着泪听完了爷爷的这番话，默默地点了点头。1972 年 7 月 26 日，爷爷不幸病逝，享年 72 岁，我那年才 18 岁。

继承发扬，薪火相传——

时隔半个世纪，爷爷的这番话时常在耳边响起，只因多年来忙于策划和主持全国艺术创作研讨会的工作，遂将续写林汉达历史故事的任务放在了心中一角。光阴荏苒，转眼到了退休年龄，强烈的使命感促使我重温爷爷生前写下的长篇历史故事丛书。

2020 年元旦刚过，欣逢吉林出版集团的赵晓星老师来访，寒暄须臾，在茶香氤氲中，我们很快谈到如何续写林汉达的中国历史故事的话题。在数年之前，她曾在电话里与我谈及此事，那时我忙于工作，觉得这是一件令人憧憬而遥远的事情。如今我们越聊越觉得这件事情意义重大，而且迫在眉睫。

听晓星老师讲，她在学生时代就读过林汉达写的历史故事，从事专业出版工作后，她出版的第一套书也是中国历史故事，可见其心系国史，情有独钟。她希望我能够续写三国以后的历史故事，直至清末。这与我素来的心愿不谋而合，我终于有了一个实现爷爷嘱托的良好契机。能够沿着爷爷的思维脉络，俯身在他老人家辛勤耕耘的禾田里培土育苗，去开垦新的处女地，去拓展新的历史篇章，成为我的光荣使命。

我们决定新编一套《故事里的中国历史》，包括《春秋故事》《战国故事》（改编自中华书局出版的《东周列国故事新编》），《西汉故事》《东汉故事》（改编自中华书局出版的《前后汉故事新编》），《三国故事》（改编自上海少儿出版社出版的《三国故事新编》），以及由我续写的《两晋南北朝故事》《隋唐故事》《宋元故事》《明朝故事》《清朝故事》，前后相加共十册，同时出版发行，以飨读者。

由于工作量巨大，前四本交由吉林出版集团相关编辑进行改编，再交由我审校。第五本《三国故事》由我来改编。随后，我将爷爷撰写的《三国故事新编》原稿反复通读，根据历史人物的主次、事件的大小，以及对后世影响的轻重来悉心衡量比对，由此勾勒出主体框架，再精心挑选出人物与事件相对重要的部分，进行了前后文有机的联结与凝缩合并，以突出主线的叙事连贯性。

为了承前启后，方便读者阅读，按照爷爷生前的嘱托，运用通俗化的语言，在缩写与改编的过程中，我做到了三个方面的注重：

一、在尊重真实历史事件的基础上，注重对历史人物形象的描写，尤其对人物内心产生的复杂情感进行细致的分析与推敲，旨在多视角地呈现各类人物的性格特征，使历史人物较为客观地走向各自不同的命运，并运用一些蒙太奇的时空叙事方法，方便读者全方位地审视理解和阅读品鉴。

二、对于不同人物的形象塑造，注重设计生动的语言对话来进行描述，从而突出不同人物的性格特征和个性差异，力求声情并茂、呼之欲出。此外，对一些主要战事以电影般的动态描述，再现了兵戎相见的冷兵器时代各种激烈的战斗场景，使故事中的人物跃然纸上、栩栩如生。

三、运用国粹韵辙知识，注重行文的流畅性与对仗的工整性。同时，将古代官文书信中的文言辞藻，运用相对通俗化的阐释，将士族与大众在语言方面存在的差异，通过采用不同层面的语汇来进行表达，以体现故事中特定人物的真实性。

夜以继日，事必躬亲——

缩写爷爷的原稿，是一件极具挑战性的事情。我十分慎重地对照着爷爷的原著，逐字逐句地进行通读和精选篇章，以点带面地将人物和事件进行有序串接，做到既有铺陈又有重点；对前后章节的叙述，在注重故事衔接的基础上，去枝除蔓，以突出主线。当我夜以继日地默读着爷爷的原稿，字里行间，他老人家的言谈话语、音容笑貌，仿佛历历在目。

将爷爷的书稿保持通俗化的特有风格，继承和发扬老少皆宜、通俗易懂的大众化语言，使真实的故事让读者能够朗朗上口，是本书创作的宗旨。为了适应新世纪读者的阅读方式和语言习惯，酌情采用了一些新词汇和新语境的表述方法；对现今已不常用的表达方式，亦酌情做了必要的调整。

通过三个月的努力，我将爷爷的 120 章、50 万字的三国故事原稿，改编缩写成 60 章，13 万字。接着进行后五册续写续编的工作，在此期间，我悉数浏览、翻阅参考了各经典史书里的记载，通过反复鉴别，仍然采用缩写林汉达《三国故事新编》的原则和方法，将艰涩、冗长而繁杂的历史事件甄选出重点，并始终遵循以略带京味儿的通俗化语言来进行表述，在避繁就简的故事叙述中，力求描述得真实准确。

为了拓展读者的视野，满足多元的阅读需求，在一些篇章里，我还加入了一些有关文化艺术、科技方面的故事，旨在让读者了解不同历史时期科技文化的发展成果。与此同时，按照爷爷生前在语言上提倡的"三化"要求，力求做到朴实无华、通达明快。

手绘插图，相得益彰——

该套历史故事的插图，由美术功底深厚的名家绘制，形象生动、造型准确、人物传神，惟妙惟肖地体现了书中故事的主题，与文字内容相得益彰，使读者尽享绘画艺术的陶冶，领略名家插图的风采。

作者期待，明鉴历史——

通过广泛阅读史料，融会贯通，加工提炼，为此笔耕不辍，历时近三年之久。今天，这套新出版的《故事里的中国历史》

终于要面世了。为此，衷心感谢广大读者朋友们的殷切期待！感谢出版单位全体团队的精诚合作！感谢业界名家们的大力支持和热情的鼓励！

在此，由衷地期待广大青少年和各界朋友，能够喜欢这套真实而有趣的历史读物。其中娓娓道来的一个个小故事，如同隐藏在一个巨大的历史宝库里，等待着您来认识发掘，借此梳理千秋，在洞察历史发展的规律中，悉心品鉴那些值得回味的人和事。

林力平

2022 年 11 月 18 日　于北京

目录

福临登基

清太宗皇太极取得了松锦大战的胜利后，雄心勃勃地打算挥师南下，可他却于 1643 年八月在盛京（今辽宁省沈阳市）的清宁宫暴毙了。皇太极死得突然，没来得及指定继承人，他的弟弟睿亲王多尔衮与皇太极长子肃亲王豪格，成为最有实力的皇位争夺者。两人各自手握重兵，憋着劲儿都想继承皇位。权衡起来，由皇太极掌控的正黄和镶黄两旗的皇亲，都支持皇子豪格继位。豪格凭借自己是先帝的长子，除了统领正蓝旗之外，还获得在旗的大多贵族的支持；多尔衮这边仅有两个兄弟，阿济格和多铎，三人掌管正白和镶白两旗，有一定的势力。乍看二人角逐皇位，豪格明显占据上风。

　　此时，在这场皇位争夺战中，一位重要人物登场了。她就是皇太极生前的妃子、顺治帝的生母——庄妃。庄妃，博尔济吉特氏，名布木布泰，生于1613年，是蒙古科尔沁部贝勒寨桑（为汉语"宰相"的音译）的女儿。她就是后来的孝庄文皇后。在她两岁的时候，皇太极就娶了她的姑姑做嫡福晋（清朝皇室宗亲的嫡妻），也就是后来的孝端文皇后。1625年，只有十二岁的布木布泰在哥哥吴克善的护送下，来到了后金，嫁给了比她大二十一岁的姑父皇太极为侧福晋（清朝亲王、郡王的侧室夫人）。九年后，布木布泰的姐姐——二十六岁的海兰珠也嫁给了皇太极。

　　1636年，在沈阳称帝的皇太极分封了五宫后妃。其中嫡福晋为清宁宫皇后；布木布泰为盛京永福宫庄妃；布木布泰的姐姐即是关雎宫宸妃。皇后没有儿子，宸妃的儿子夭折，宸妃也随后病故，只有庄妃生了儿子福临，母凭子贵，她的地位也随之提高。

　　皇太极暴毙后，皇位争夺战一触即发，庄妃担心这些小叔大伯为了争夺帝位，剑拔弩张，血染朝廷，这么闹下去，大清基业将毁于一旦。她经过一番深思熟虑，来到睿王府，直截了当地对多尔衮说："此次来只为与你商议储君一事。按功劳地位，虽说你比起有勇无谋的豪格更有资格继位，但他是先帝的长子，绝不会善罢甘休。再说三朝元老礼亲王代善（努尔哈赤的二子）和郑亲王济尔哈朗（努尔哈赤的侄子）可都是跟豪格一伙的，一旦对抗起来，你恐怕不占优势啊。"

　　多尔衮觉得庄妃说得有理，可还是不太服气，就想探探她的口风："庄妃所言极是，可我戎马征战十七年，先皇也曾有过立我的意思，不知庄妃怎么看？"

庄妃心平气和地说："大清帝业是两代先皇打下的，你虽是豪格的十四叔，却比他年轻有为，战功显赫。我担心若你叔侄为皇位兵戎相见，该如何是好呢？为此，我想了个万全之策。"

多尔衮一听，原来豪格在庄妃心里已经落了下风，现在她又当面肯定自己的功绩，心里舒服了不少，于是语气舒缓地说："愿闻其详。"

庄妃说道："我儿福临，虽说是个六岁幼童，不妨让他来继承皇位，由你睿亲王作为摄政王辅佐幼帝，全权负责朝政与军政大事，届时诸亲王及贝勒就不好再反对了，你看如何？"

多尔衮见庄妃分析得鞭辟入里，不但避免了朝廷内讧，还能让自己掌权，虽说名义上是摄政，实则大权独揽。于是决定听从庄妃的建议，尽全力辅佐福临登基。

此后，庄妃又争取到了皇后和诸贝勒的支持，以保证自己的儿子在继位时能够太太平平。

皇太极驾崩后的第五天，崇政殿内举行了议政王大臣会议，讨论拥立新帝的事。果然，当一些亲王、贝勒开始支持久经沙场的多尔衮成为新帝时，另一边有两个亲王站了出来，一致拥立皇太极的长子、三十四岁的豪格登上皇位。他们正是日前庄妃提到的两位元老——掌管正红旗的礼亲王代善和掌管镶蓝旗的郑亲王济尔哈朗。这样一来，多尔衮他们三兄弟要与其他几个亲王相抗衡，明显处于劣势。

此时，两黄旗的索尼、鳌拜、图赖等元老，纷纷表态要立皇

子为新帝。他们事先早有准备，命令两黄旗的人包围了崇政殿。这批人个个身藏兵器进入了大殿，如果多尔衮敢贸然称帝，大清的朝堂很快会陷入刀光剑影中。

这时候，精明的多尔衮已感到一股杀气袭来，不由得心中一颤，只好放弃称帝的意图，垂下双眼默不作声。谁知他的两兄弟并不知他的心思，还在为他继位的问题与对方争辩。

豪格一见起了争执，才知自己继位受阻，愤然起身要离开朝堂。两黄旗的大臣们一见，纷纷起来阻拦，对着多尔衮三兄弟威胁说："今若不立先帝之子，我们宁愿以死效忠先帝！"双方剑拔弩张，冲突一触即发。

此刻，多尔衮感受到来自老臣们的压力，他决定采纳庄妃的提议，率先表态，提出拥立皇太极第九子福临为帝，暂由和硕郑亲王济尔哈朗和自己共同辅政的建议。众亲王和议政大臣谁也没想到多尔衮会来这一手，不禁在殿里交头接耳了好一阵。末了，大家虽然觉得福临太年幼，可为了稳定局面，还是接受了多尔衮的建议。

豪格听后心里自是不服气，闷着头径直走出了朝堂。最终大会商议决定，皇太极第九子福临继位，同时由郑亲王济尔哈朗和睿亲王多尔衮一同担任这个六岁幼童的摄政王。

1643年十月八日，福临在盛京（今辽宁省沈阳市）正式登基，次年改元顺治，即清世祖顺治帝，诸王大臣们照例盟誓效忠。不久，尊立庄妃为皇太后。

1644年四月明朝灭亡，十一月八日，福临被接到北京举行登基大典，在登基大典上，称多尔衮为"叔父摄政王"。三天后，多尔衮的摄政同僚济尔哈朗的官衔由"摄政王"降为"辅政叔王"。1645年六月，多尔衮规定大臣们在所有公文中要以"皇叔父摄政王"来称呼自己。

到了1648年，权倾朝野的多尔衮干脆让朝廷改称自己为"皇父摄政王"。这样一来，睿亲王的权势达到了顶峰。这期间，多尔衮使手段除掉了豪格。两年后，1650年底，多尔衮在一次出塞打猎时突然坠马，随即身死，卒年三十九岁。

多尔衮一死，十二岁的福临总算摆脱了这个一手遮天的皇叔，此时的少帝再也无所顾忌，一怒之下，派人掘了多尔衮的坟墓，随后消灭了多尔衮的残余势力，做了名副其实的皇帝。

顺治帝在位期间，对汉人的文化有浓厚的兴趣，特别是对孔子很感兴趣，并从孔子的思想中悟出了治国安民的道理，形成了他的治国思想。在他亲政期间，鼓励汉人入朝做官，恢复了若干个曾被多尔衮废止的前朝制度，改革落后的清朝帝制。

1658年，顺治帝恢复了明代的翰林院和内阁制，以此削弱满人贵族权势。他的母亲皇太后为了让朝廷能尽快除掉各方反清势力，极力劝导顺治帝以封王晋爵、联姻结亲等手段，来笼络和掌控以前的汉族权贵，使清朝较快地实现了对全国的统治。

第二章

收复台湾

早在 1624 年，荷兰殖民主义者趁着明王朝日趋衰落，侵占了自古以来就是中国领土的台湾岛，并在岛上修建了赤崁（今台湾省台南市）和台湾（今台湾省台南市安平区）两座城堡。荷兰侵略者不断向台湾百姓敲诈勒索，收取名目繁多的苛捐杂税，并以武力镇压当地民众的反抗。

1644 年清兵入关后，明朝很快灭亡了。随后，明朝宗室在淮河以南先后成立了五个地方割据政权，企图反清复明。在这些反抗清军的队伍中，有一个叫郑成功的人。

从 1646 年起，二十二岁的郑成功就开始领军，多次奉命进出闽、赣与清军作战，受到南明皇帝的器重。后来，他在厦门组建了一支水师，随着兵力的不断壮大，开始北伐。1659 年，郑成功率领十几万水军，联合南明抗清将领张煌言的部队顺利进入长江，接连取得了定海关、瓜洲、镇江一系列战役的胜利，最后兵临城下，包围了南京。同时，张煌言的部队收复了芜湖一带十多个府县，一时江南震动，百姓欢呼。

不久，清军以假投降来诱骗郑成功，以达到缓兵的目的。郑成功信以为真，为此毫无防备，结果遭到清军突袭，损失惨重。经过一番休整，郑成功试图攻取崇明县（今上海崇明区），作为再次进攻南京的阵地，不料久攻不克，只好全军退回厦门。

一年后，重整旗鼓的郑成功一鼓作气，在福建海门港（今福建省漳州市龙海区东）重拳出击，一举歼灭清将达素率领的水师四万余人，取得了厦门战役的辉煌胜利，一时威震四方。

与此同时，清军已占领了福建大部分地区，他们采用封锁的策略，强令福建、广东沿海一带的百姓后撤四十里，以此断绝郑军的粮草供应，打算困死这支队伍。郑成功面临招兵筹饷的诸多困难，索性一不做二不休，决定收复对岸的台湾，将那里作为继续抗清的基地。

郑成功命将士们在厦门打造战船，秣马厉兵，加紧做好渡海作战的军事准备，决心赶走荷兰侵略者。

1661 年正月，精通荷兰语的爱国华商、翻译官何斌，因商业纠纷被荷兰人剥夺了一切职务，并处以极重的罚款。不堪受辱的何斌从台湾秘密逃回厦门求见郑成功，并对郑成功说："台湾沃野千里，却被侵略者掠夺了几十年，当地百姓都盼着大陆官兵能早日赶走这帮红毛鬼子呢！"

郑成功冷静地说："收复台湾并非易事，台海定有重兵防守，况且登陆地点生疏，难免会造成较大伤亡，不知先生有何高见？"

何斌急忙从袖中拿出一幅手绘的台湾海道航行图，另附一份荷兰兵力和炮台位置分布的军事地图，交给了郑成功，以此作为攻台决策的依据，并说："您放心，有了这些图，可以大大减少将士伤亡。若此时收复台湾，将沿海各地的人们迁移过去，十年生聚，十年教养，定将富国强兵，届时进可攻、退可守，谁能抗衡？况且台湾岛资源丰富，盛产硝磺、铜铁，沿海水产更是取之不尽。来日一定生意兴隆通四海，财源茂盛达三江，不强国才怪呢！"

郑成功听了大喜，又详细地审视了那两张图，感到胸有成竹，于是速与将领们商谈攻台战事。有人认为海路遥远，补给跟不上，因而表示反对，郑成功却丝毫不为所动，认为攻台势在必行。

1661 年三月，郑成功亲率两万五千名兵将，分乘几百艘战船从金门出发。他们冒着狂风巨浪，越过台湾海峡，在澎湖休整几天后，准备直取台湾。荷兰侵略者听说郑成功率大军从海上打过来了，惊恐万状，急忙把军队集中在台湾、赤崁两座城堡，还在港口沉下许多破船来堵截航道，企图阻止郑军登岸。

郑军在何斌的引导下，乘涨潮时，将船队静静地驶进鹿耳门内海，开始从禾寮港登陆，随后切断了赤崁城与台湾城的运输线，从侧后进攻赤崁城。战斗一打响，荷军就开过来四艘战舰，其中的"赫克托"号主力战舰威力强大，霎时炮声隆隆，海面掀起滚滚巨浪，妄图阻止郑军船队登岸。郑成功沉着应战，一声令下，六十多只战船瞬间把敌舰紧紧围住，火炮齐鸣。只见"赫克托"号燃起了熊熊大火，舰上发出一阵阵的爆炸声，荷军士兵纷纷跳海逃生，有的被烧成了"火人"，嘶喊着栽入海里。

郑军将士们眼瞧着这个庞然大物晃晃悠悠地沉入海底，顿时一片欢呼。另三艘荷兰舰一看不妙，掉头就跑。此时，台湾城派出来二百多名援军，为首的彼得尔上尉同一百多名士兵，被上千名已登陆的郑军快速围歼，余下的士兵纷纷逃回城内。赤崁城的荷兰守军眼瞧着外援无望，只好挂起白旗，向郑军投降。

此时，盘踞在台湾城内的荷军仍然负隅顽抗，郑成功一时强攻不下，于是改变战术，在该城周围修筑土台，准备长期围困敌军。八个月后，荷军弹尽粮绝，郑成功当即下令向台湾城发起强攻。

荷兰总督揆（kuí）一在城内如坐针毡，突然看见城外郑军布下的一排排火炮，黑洞洞的炮口直对着城池，不禁毛骨悚然。眼看大势已去，他只好再次上演赤崁守军自救的画面，开城投降。

1662 年元月，荷兰总督揆一徒步跑到郑成功大营，在众目睽睽下，摘下军帽，卸去佩剑，躬身在投降书上签了字，随后带领他的残部灰溜溜地离开了台湾。

至此，郑成功从荷兰侵略者手里夺回了沦陷三十八年之久的中国领土台湾，结束了荷兰东印度公司在中国台湾的压榨剥削，终结了荷兰殖民者的统治，成为华夏民族反对外来侵略的一次伟大胜利。

第三章

智擒鳌拜

　　为了加强与蒙古族之间的联盟，孝庄煞费苦心地从家乡科尔沁草原陆续接来两个侄女和两个侄孙女，来给清世祖顺治帝做皇后和妃子。而顺治帝喜读汉族的诗书，崇尚儒家正统文化，爱慕矜持优雅的汉族姑娘，对那些扬鞭飞马、驰骋草原的蒙古女子反而不大感兴趣，因此冷落了来自草原的姑娘们，这一来，母子俩的感情也疏远了。

　　1661 年，年仅二十三岁的顺治帝罹患天花身亡，同年，他的第三子、年仅八岁的玄烨登基，成了大清国的第四位皇帝，年号康熙，史称清圣祖（1662—1722 年在位）。两年后，康熙的生母去世，身为太皇太后的孝庄再次担起辅佐孙儿的重任。

失去儿子的孝庄，将所有的情感都倾注在这个孙子身上。她亲自过问康熙帝每日的生活起居。长期的言传身教，耳濡目染，使康熙帝受益匪浅，每次遇到重大事情，无不征求祖母的意见。在祖孙俩的共同努力下，清王朝逐渐从动乱走向稳定，经济从萧条走向繁荣，为日后平定三藩、统一台湾和边疆用兵等大规模战争奠定了物质基础。

1687年，孝庄病危，康熙帝亲自给祖母喂汤药，昼夜不离左右。同时，他带领王公大臣步行到天坛，泪流满面地诵读着祷文："朕幼年遭生母去世，幸逢祖母百般疼爱，三十余年如一日，对朕谆谆教诲，耳提面命，朕才有了如今的成就。祖母的深情厚爱，朕一生都无以回报，为此祷告上天，祈望减去朕的一些命数来换取祖母的长寿吧！"

几天后，孝庄以七十五岁的高龄走完了她不平凡的人生，安然离世。康熙帝遵照她的遗愿，没有按例将灵柩运往盛京与皇太极合葬，而是葬在了清东陵。

顺治帝去世前，为年幼的新帝选了四位辅政大臣，其中有个武将叫鳌拜，他仗着手握兵权，又立过战功，便倚老卖老，盛气凌人，根本没把这个少年帝王放在眼里，甚至康熙帝年满十四岁、亲政后，鳌拜仍然一手遮天，并为泄私愤而诬陷辅政大臣苏克萨哈，甚至逼迫康熙帝违心地将他处死。

有一次，鳌拜装病不上朝，康熙帝去他家探望，身边的侍卫在鳌拜枕下搜出一把刀来，气氛顿时紧张起来。鳌拜却满不在乎地笑了笑，心想："反正小皇帝也不敢拿我怎么样。"面对装病的一介武夫，康熙帝心想，若真干起仗来，自己身边的几个侍卫可不是鳌拜的对手，于是漫不经心地说："刀不离身是咱们满人的旧俗，不用大惊小怪！"鳌拜听了得意扬扬地在床上哈哈大笑，此时的康熙帝已经暗下决心，一定要除掉这个心腹大患。

回宫后，康熙立刻派人物色了一批十几岁的贵族子弟作为布库（满语，意为摔跤常胜者）给自己当侍卫，他让这些身强力壮的少年天天练习摔跤。鳌拜是个摔跤能手，号称"满洲第一勇士"。他看见这群少年在御花园里摔打着玩儿，只是轻蔑地扫了一眼，根本没在意他们日渐精进的摔跤功夫。

不多久，这些年轻布库练得火候差不多了，康熙就宣鳌拜单独进宫议事。守在武英殿门外的宫廷侍卫索额图见鳌拜大摇大摆地走来，就要求他交出随身兵器。鳌拜心想：就算徒手进宫，谁又敢得罪我呢？

当鳌拜交出随身佩剑来到武英殿上，康熙道："鳌少保请坐！"只见鳌拜一屁股坐在椅子上，康熙又道："快给鳌少保上茶。"乔装成太监的一个布库赶忙递上了一杯茶。

鳌拜得意地接过茶杯，刚举起要喝，突然被人从后面使劲踹了一脚，鳌拜猝不及防，只听"扑通"一声，摔了个大马趴，有个布库趁机大喊："快来搀鳌少保！"

这时，突然跳出来十几个小伙子一拥而上。摔蒙了的鳌拜，两眼发直，正趴在地上等他们来扶，只见这些少年布库腾空跃起，然后一个个重重地砸在鳌拜身上，压得他透不过气来。

这会儿，康熙帝起身上前，大声宣读鳌拜犯有三十条罪状，

鳌拜听完快气疯了，使尽全身的力气想挣脱，没想到被一群少年压得死死的，动弹不得，于是愤愤不平地喊道："我鳌拜这辈子，哪一天不是为你们爱新觉罗氏舍命打天下？竟落得如此下场？"

年少的康熙帝闷哼了一声，说："且不说那三十条罪状，你向来欺君犯上，扰乱朝纲，居功自傲，独断专行，朕早就想拿你了！"说完手一挥，吩咐左右武士："先押下去再说！"

第二天，经与群臣商议，康熙帝将鳌拜的官职一降到底，处以终身监禁。

铲除了鳌拜后，那些比较骄横的大臣终于见识了这位少帝的厉害，再也不敢在朝廷肆意妄为了。在康熙帝的治理下，大清朝逐渐变得强盛起来。

第四章

平定三藩

康熙帝除掉鳌拜时，南明最后一个政权已经灭亡，但仍有三个飞扬跋扈的藩王令康熙帝十分担忧。这三个藩王本是降清的明朝大将，他们就是吴三桂、尚可喜和耿仲明。他们曾协助清朝镇压农民军并消灭了南明，受到朝廷嘉奖，于是清朝封吴三桂为平西王，驻防云南、贵州；尚可喜为平南王，驻防广东；耿仲明为靖南王，驻防福建，统称为"三藩"。

由于吴三桂当初引领清兵入关，清朝轻而易举地入主中原，为此吴三桂一直居功自傲，没怎么把这个靠他引路的清朝放在眼里，这会儿他不但掌握地方兵权，还控制着财政收支，并且自封官吏，俨然成立了一个小朝廷，而这个小朝廷里的土皇帝就是他自己。

清廷的政令难以下达至三藩的管辖区，为此，康熙帝决心要削掉他们的势力。不多日，年迈的尚可喜打算回辽东老家休养，于是向朝廷奏报，请求让他留在广东的儿子尚之信继承王位，继续带兵镇守广东。康熙帝正想收拾这帮藩王呢，哪里还能容他们世袭？于是只批准尚可喜告老还乡，可没同意他儿子世袭平南王。理由嘛，广东日趋安定，无须再设藩王镇守。这下可惹怒了吴三桂和耿仲明的孙子耿精忠，他们一边准备造反，一边想试探一下康熙帝的态度，于是上奏朝廷，假装提议将三藩都撤除，以此来将小皇上一军，看看这个少帝怎么收场。

康熙帝阅过奏章，冷笑了一声说："吴三桂的野心，早已尽人皆知，撤不撤藩，他迟早都要反，难道还想让朕挽留他不成？倒不如来个先发制人。"于是顺水推舟，下旨给吴三桂，欣然同意他撤藩。

吴三桂没想到弄假成真，气得暴跳如雷。为了笼络人心，他打起反清复明的旗号，命手下一律改穿明朝服饰。可当地的百姓都还记得，曾经要斩草除根、比清兵还卖力地杀死南明永历帝，还不是他吴三桂干的勾当吗？如今大张旗鼓地又要"兴明讨虏"，还有谁会信呢？

1673年底，吴三桂杀了云南巡抚朱国治，写信给平南王和靖南王，要求他们共同起兵造反。自称"兴明讨虏大将军"的吴三桂，从云南一直打到湖南、江西。另两个藩王担心朝廷迟早要收回地盘，索性跟着吴三桂一起反了，史称"三藩之乱"。

康熙帝为了集中兵力讨伐叛军首领吴三桂，立即对尚之信、耿精忠停止了撤藩命令，两个藩王一阵窃喜，既然朝廷都向着自己了，还管他吴三桂干吗？一扭脸归顺了朝廷。

为了彻底平定吴三桂叛乱，康熙帝不断调兵遣将，前后持续了八年。末了，面对越来越多的清兵，吴三桂渐渐支撑不住了。康熙十七年（1678年）三月，吴三桂为了振奋军心，在湖南衡州（今湖南省衡阳市）登基称帝，国号为周，年号昭武。

八月，衡州酷热难耐，吴三桂突然得了"中风噎嗝"的病症，肝火过旺的吴三桂自知时日不多，授意心腹大臣，火速接应皇孙吴世璠来衡州继位，以托付后事。

八月十八日深夜，只做了五个月皇帝的吴三桂在衡州皇宫驾崩，时年六十六岁。此后，形势急转直下。1681年，清军分三路攻下昆明，吴世璠自杀，三藩之乱最终得以平定。

第五章

沙俄进犯

康熙帝平定了三藩之后，本以为大清朝能过上太平日子了，不料从北方传来沙俄侵占中国北方雅克萨城的消息。那么，沙俄是从何时开始觊觎（jìyú，希望得到不应该得到的东西）雅克萨的呢？

原来，自明崇祯十六年（1643年）起，沙俄远征军就多次入侵黑龙江流域，烧杀抢掠，妄图侵占我国黑龙江流域的大片领土。雅克萨位于今黑龙江省漠河以东的黑龙江北岸，而黑龙江、乌苏里江流域自古以来就是中国的领土，秦汉以后各朝在这里都设有行政机构。清朝建立之后，继续对这一地区行使管辖权。

清朝除了设立盛京将军（驻今辽宁省沈阳

市）、宁古塔将军（驻今黑龙江省宁安市）和黑龙江将军（驻今黑龙江省黑河市爱辉区）外，还把当地居民编为八旗。此外，吉林、黑龙江将军所辖各镇，在沿江重要地区建立了船厂，设置仓屯，并在陆地开辟了台站驿道，同时发展水陆交通运输，进一步加强了边境地区与内地的政治、经济和文化联系。

17世纪上半叶，由于沙俄国力持续增强，侵略的野心使这头"北极熊"要向外急剧扩张。到了顺治末年至康熙初年，沙俄趁着清廷忙于国家统一和平定三藩之乱、东北疏于防守之时，悍然侵占了中国领土尼布楚（今俄罗斯涅尔琴斯克）和雅克萨（今黑龙江漠河以东黑龙江北岸、俄罗斯的阿尔巴津）等地，并在那里构筑寨堡、设置工事来作为据点，不断向黑龙江中下游地区进行骚扰和掠夺。此后清廷边防与沙俄军队进行了长期的对峙，最终爆发了雅克萨之战。这是一场我国军民奋起抗击外来侵略、收复失地的自卫战。

对于沙俄侵略军非法修筑雅克萨城堡，妄图长期占据的严重事态，康熙帝多次派遣使者进行交涉和警告，均未奏效。康熙帝终于认识到，只有使用武力才能驱逐沙俄侵略军。为此，他在平定三藩后的第二年（1682年），即赴关东展开东巡，当逐步摸清了俄军在黑龙江流域的分布情况后，制定出了四条驱逐沙俄侵略军的措施：

一、派各部乔装捕鹿，随时监视敌情变化，断绝与沙俄的贸易往来，对侵略者实行经济封锁；

二、命令萨布素率部在瑷珲筑城防守，修整装备，架设大炮，

并与随军家属共同屯垦；

三、为保证战时信息畅通，不误传递军情，在瑷珲至吉林途中，共设立十九个驿站；

四、加紧打造舰船，保障沿途水路运输，以便及时从松花江、黑龙江将粮食运往前线。

1683 年三月，康熙帝与大学士们详细讨论了反击沙俄入侵者的对策，做出了具体的战略部署：首先下令勘察河道，并进行船舰试航，以确定运送军粮的最佳路线和地点。此时，刑部侍郎噶尔图回奏："在吉林可造船百艘，由伊屯门（吉林伊通）运粮至松花江，并在伊屯门、伊屯口（伊通河口）筑粮仓存贮，以备战时之需。"

康熙帝听了心里松了口气，为了保证战时不断粮，又下诏给八旗将军萨布素："命你部在乌拉造船五十艘，驰往黑龙江、松花江交汇处，以备六月之后所需粮饷。"就这么一环扣一环，康熙帝做好了充分的战前准备。

四月，清军为了完成部队北移黑龙江的部署任务，对外一概声称捕鹿，以迷惑沙俄。三天后，康熙帝命宁古塔将军巴海留守乌拉，由萨布素等统兵开往前线。为了避免长途行军导致马匹疲惫，备选了两千匹马发往索伦地区放牧，待京城骑兵经过时可换马前行。

七月初，由沙俄梅利尼克率领的六十七名哥萨克兵，从雅克萨侵扰中国的额苏里地区，妄图捞些便宜回去。由于清军事先探得消息，将他们全部包围起来。哥萨克兵一看来了这么多清兵，根本招架不住，于是乖乖缴械投降。清军命降将带回书信一封，信中写道："你方违背前约，肆意侵扰我边境，抢劫焚烧我少数民族居住区。为此，大清将出师，永驻额苏里。"鲜明地表明了反击沙俄入侵的决心。

九月，康熙帝派人勒令雅克萨等地的沙俄侵略军迅速撤离，可是傲慢的俄军头领不但装聋作哑，反而调兵遣将支援雅克萨，其间还窜到瑷珲烧杀抢掠。清将萨布素立即率部奋起反击，将俄军击败，随后把俄军在黑龙江下游建立的据点统统给烧了，雅克萨也由此成为一座孤城。

此后，负隅顽抗的侵略者不断伺机报复，对当地居民掠夺侵扰。为了彻底消除沙俄侵略军的残余势力，1685 年二月，康熙帝命都统彭春赴瑷珲严阵以待，准备时刻收复雅克萨。

1685 年四月，彭春率领清军三千人从瑷珲出发，行驶战舰、携鸟枪、拉火炮、持刀矛等兵器，分水陆两路向雅克萨挺进。抵达雅克萨城后，清军首先发出劝降通牒，俄军仍然拒不投降。五月，清军发动总攻，首先将红衣大炮派上了用场。沙俄督军托尔布津眼看着俄军被炸得血肉横飞，却妄图凭借坚固的城池，负隅顽抗。

都统彭春一看，俄军敬酒不吃吃罚酒，立即命清军炮兵加大火力，昼夜轰城，并在城下堆放柴火，准备火烧驻城沙俄军队。这下沙俄军队才慌了神，立即挂出白旗，并保证撤出中国土地，不再侵犯。清军眼看着七百多个俄军士兵出城投降，就派兵把他们遣送回国。另有四十多人不愿回到寒冷的俄国，于是被编入康熙帝的俄裔近卫军。通过这一仗，康熙帝希望日后两国能够长久地和平共处。

康熙帝想得挺好，既然打赢了这一仗，又放回了那么多俘虏，对方也服了软，总可以相安无事了吧？没想到这头"北极熊"贼心不死，总惦记着卷土重来。刚过了两个月，沙俄头目托尔布津得知清军已撤走，就立即撕毁誓约，于当年七八月间率领俄军分批重返雅克萨，并全力构筑城堡工事，企图久占此城。

直到 1686 年元月，清廷才接到前线报告，得知沙俄背信弃义。康熙帝怒不可遏，当即下令予以强烈反击。清军秣马厉兵，经过一番整顿，再次向雅克萨进军。

1686 年夏，萨布素率领两千多名清军包围了雅克萨城，勒令沙俄侵略军投降。一周后，托尔布津仍然置之不理。清军忍无可忍，将水源切断后，开始全线攻城。在猛烈的炮火下，托尔布津中弹身亡，俄军继续负隅顽抗。清军攻城不下，于是掘壕筑垒，一边在雅克萨城的南、北、东三面围困俄军，一边派战舰在城西河上巡逻，以切断敌军外援。这么一来，雅克萨城被清军围困了长达十个月，城中的近千名俄军，除战死病死外，仅剩下百余人。

消息传到沙俄，沙俄统治者这才急忙向清廷请求撤围，康熙帝不计前嫌，恩威并济，准许侵略军残部撤往位于俄罗斯外贝加尔边疆地区的尼布楚。接下来，康熙帝派出大臣索额图与沙俄的使臣戈洛文在尼布楚进行和谈。

1689 年，双方签订了中俄《尼布楚条约》，确定了黑龙江以北、外兴安岭以南和乌苏里江流域以东包括库页岛在内的广大地区都是中国领土，外兴安岭至格尔必齐河与额尔古纳河为中俄两国东段边界，遏止了俄国向东继续侵略扩张。

中俄《尼布楚条约》是由双方经过平等而漫长的谈判，最终清政府作出让步之后签的第一份边界条约，条约的订立为中俄两国关系正常化奠定了基础，在一定程度上维护了中国的领土完整，使中国东北边疆获得了比较长久的安宁。

清史学者戴逸认为："《尼布楚条约》保障了中国东北边境一百多年的安定和平，为清王朝后来平定西北、西南地区的叛乱提供了稳定富饶的大后方，对于清朝的发展和繁荣、康乾盛世局面的出现，具有非常关键的作用和十分重要的历史意义。"

第
六
章

征
噶
尔
丹

清朝取得了雅克萨之战的胜利，与沙俄签订了《尼布楚条约》。沙俄政府由于两次败给清军，还被迫划出了自认为是沙俄的土地，落得偷鸡不成反蚀把米，感到异常羞辱，于是千方百计地伺机报复清廷。当沙俄听说蒙古族准噶尔部的首领噶尔丹已经反叛清朝，正在西北边境的草原上四处征战来扩大自己的领地时，他们认为机会来了，决定利用噶尔丹的野心来动摇清朝的根基，一旦清朝伤了元气，再派俄军入侵。

明末清初时期，北方的蒙古分为三大部，分别是漠南蒙古、漠北蒙古和漠西蒙古。准噶尔属于漠西蒙古中最为强悍的一支，他们频繁出没于伊犁草原地区，并逐渐将漠西的其他蒙古部落

——吞并。此时，沙俄政府派出使者，向噶尔丹表示，愿意支持他实现统一全蒙古的愿望，以促帮助他从清政府的管辖中独立出来。噶尔丹听了乐不可支，在沙俄的怂恿下，立即带着大军入侵漠北蒙古，开始变本加厉地扩张和掠夺。

康熙二十九年（1690年）五月，噶尔丹借口追击漠北的喀尔喀人，率兵三万自库楞湖（今呼伦湖）沿大兴安岭西麓南下，直奔北京而来。漠北的喀尔喀人深知惹不起骁勇凶残的噶尔丹，只好望风而逃，这下苦了属地的几十万百姓，他们统统跑到漠南去请求清朝的保护。康熙帝看事态严重，赶忙安抚这些逃难的灾民，将他们安置在科尔沁草原放牧，然后派出使臣前往噶尔丹军营，勒令噶尔丹归还侵占的漠北土地和牧民的牛羊，赶紧领兵退出漠北。

此时的噶尔丹气焰十分嚣张，心想：眼下一路杀得正顺手，背后又有沙俄撑腰，老子还想打到北京去呢！谁还会听你康熙帝的命令？于是，借着追击漠北蒙古逃兵的理由，率军一路向漠南进攻，很快就打到了漠南的乌珠穆沁一带。

面对噶尔丹的猖狂举动，康熙帝大怒，决定亲征噶尔丹。七月初，清廷发兵十万，采取分进合击的策略：由抚远大将军裕亲王福全统领左路军，自古北口（今北京市密云东北）北进；由安北大将军恭亲王常宁率领右路军，从喜峰口（今河北省承德市宽城西南）出兵；又令盛京将军、吉林将军出兵西进，协同主力作战。康熙帝亲率御林军禁旅进驻博洛和屯（今内蒙古正蓝旗南）督军，力图将噶尔丹歼灭在乌珠穆沁地区。

右路军常宁率先到达了乌珠穆沁，与噶尔丹的军队正面展开交锋，不料清军的粮食出现断供，结果交战失利，只得往南撤退。噶尔丹一看占了上风，得意扬扬起来，于是趁势穷追猛打，打算灭了右路军，给清廷一个下马威。

噶尔丹向南一直追击右路军，渡过沙拉木伦河，到达了乌兰布通。这时，清军的左路大军也赶到了这里。

七月十九日，康熙帝急令右路军停止撤退，马上会同左路军，将准噶尔军阻击在高凉河（沙拉木伦河上游支流）以北，又令康亲王爱新觉罗·杰书移师归化（今内蒙古呼和浩特市），切断敌军后路。七月二十九日，福全侦察到准噶尔军已屯兵于乌兰布通，立即整军火速前往。

乌兰布通北面靠山，南面有河，地势十分险要。噶尔丹命大军安置在山下，以前面的河流阻挡清军，用背后的高山做掩护。随后命人将上万只骆驼的脚用绳子捆住，卧在地上，驼背上加放箱子，再用潮湿的毡子蒙上，构成一道城墙似的"驼城"。士兵们藏在"驼城"后面，在那些箱垛上放枪射箭，阻止清军进攻。

清军及时调整了战术，以炮兵为前锋，步兵随后，骑兵在两翼迂回，伺机进攻。八月初一，清军集中火炮轰击，从早到晚，在对方前沿阵地上炸出一个个弹坑，神话般的"驼城"被炸开了一个缺口，清兵蜂拥而至，福全立即率骑兵从两翼夹击，同时绕到山后将噶尔丹部下杀得丢盔卸甲，死伤无数，余下的纷纷逃命。噶尔丹一看不妙，马上采取缓兵计，一边派遣使者向清军乞和，一边连夜率残部偷偷渡过沙拉木伦河往北撤去，沿途焚烧树枝野草，一时烟雾弥漫，清军难以追击。福全不知是计，让噶尔丹一路逃到了与沙俄相邻的科布多（今蒙古国西部）。

喘过气来的噶尔丹并没有吸取这次战败的教训，他表面向清朝臣服，心里仍然揣着统辖蒙古的野心。他暗地里召集旧部，扩充兵力，图谋再犯。

1693 年，康熙帝下诏噶尔丹，约他前来订立盟约。噶尔丹不但没有前往京城，反而派军队入侵漠南的喀尔喀。这一次，康熙帝忍无可忍，立誓要痛歼噶尔丹，决定再次出征，前往漠南。

吸取了上次断粮的教训，康熙帝在战前做好了充分准备：征调大批熟悉地形的蒙古人为向导；随军携带五个月的备战口粮，按每个士兵配备一名民夫和四匹马的标准，组成了一个庞大的运输队，总共备有六千辆运粮大车，并让载有大量防寒防雨器具的马车与军队同行；另外，准备了大批木材、树枝，用以在越过沙漠和沼泽地时铺路前行。

1695 年，噶尔丹率骑兵三万，扬言借来六万沙俄鸟枪兵，从克鲁伦河流域的喀尔喀蒙古车臣汗部沿河而下，进驻巴颜乌兰（今蒙古乌兰巴托东南）以东地区，一时尘土飞扬，大举进攻漠南。

康熙三十五年（1696 年）二月，康熙帝兵分三路出击：东路由黑龙江将军萨布素率兵九千越过兴安岭西进；西路由抚远大将军费扬古率陕西、甘肃上万清兵从宁夏进发，截击噶尔丹的后路，振武将军孙思克率兵四万六千人分别由归化、宁夏越过沙漠，于翁金河（今蒙古国德勒格尔杭盖西）与费扬古会师，然后北上；康熙帝亲率中路军三万四千人从独石口（今河北省张家口市赤城县北）出发，各路大军约定在克鲁伦河一带将噶尔丹大军一举歼灭。

到了五月初，中路军率先抵达克鲁伦河，逼近准噶尔军。噶尔丹见康熙帝亲率精锐前来，又得知西路清军即将到达克鲁伦河的消息，料到自己会遭遇夹击的危险，于是抛弃庐帐和随军器械，连夜带着军队慌忙往西退去。

当准噶尔军退至特勒尔济（今蒙古乌兰巴托东南）时，仅剩下一万多人。五月中，当西路清军距特勒尔济三十里时，费扬古安营扎寨，一面在山上丛林中设下埋伏，一面派四百名精骑来到准噶尔军营前挑战，一阵挥刀叫骂，噶尔丹果然中计，命万名骑兵倾巢而出，一路狂追而来，当进入丛林埋伏圈时，只见清军箭弩齐发，准噶尔军顿时大乱。清军乘势上下夹攻，斩杀敌军三千多人，伤残数千，并俘获了数百人。经此一战，噶尔丹大败，带着仅剩的几十名骑兵一溜烟儿地逃跑了。

不久，康熙帝向噶尔丹招降，噶尔丹仍旧贼心不死，不予理睬，幻想着东山再起。一年后，康熙帝决定再次带兵渡过黄河亲征。这时候的噶尔丹已经无力回天了。原来，他屯聚的老窝伊犁，已经被他的侄儿策妄阿拉布坦占领，叔侄俩向来不和，噶尔丹无处安身，只得带着残兵在漠西地区游荡。他的左右亲信一看大势已去，又听说清军步步逼近，索性纷纷投诚清军，做清军的向导。众叛亲离的噶尔丹终于走投无路，服毒自杀了。

第七章

大儒顾炎武

顾炎武是明末清初杰出的思想家、经学家、史地学家和音韵学家，与黄宗羲、王夫之并称为明末清初"三大儒"。

1613 年，顾炎武出生在江苏昆山千灯镇的一个名门望族。他从小就过继给已去世的堂伯顾同吉家，由继母王氏抚育。王氏受过良好教育，经常给他讲刘基、方孝孺、于谦等人的事迹，对顾炎武的成长产生了深刻影响。

南明政权失败后，顾炎武十分仰慕文天祥的学生王炎午的为人，为此改名炎武。因他的故居旁有一座亭林湖，仰慕他的学者们尊称他为亭林先生。

顾炎武不但从小受到养母的谆谆教诲，同时

也受到来自祖父严谨治学、注重实际的学风影响。在祖父的熏陶下，顾炎武博览群书，先后阅读了《左传》《国语》《战国策》《史记》和《资治通鉴》等记述国家兴亡的史书，后来又学习《孙子》《吴子》等兵书，并广泛涉猎天文、地理、农业、水利等方面的知识。通过大量的阅读和学习，顾炎武眼界大开，对当时刻板僵化的科举考试不屑一顾，而对"经世致用"（对治国安邦有实际应用价值的学说）的学问深感兴趣。

1644 年，明王朝灭亡，清军在第二年占领了南京，不久苏州沦陷，三十三岁的顾炎武毅然投笔从戎，与同窗好友归庄参加了保卫昆山的战斗，最终失败。此后，顾炎武决定北上，开始了他漫长的游历生活。在二十多年的时间里，他游历了山东、河北、山西、陕西等广大地区，沿途详细考察了边关要塞、山川地势，风土人情，并将所见所闻逐一记录下来，积累了丰富的地域和人文资料，以己之行做到了"读万卷书，行万里路"。

在多年的游历中，他逐步完成了《天下郡国利病书》的写作。这是一部记载明代各地区政治、经济状况的历史地理著作。书中重点辑录了兵防、赋税、水利三方面的内容，提出了研究各方地理与兵防的重要性。梁启超曾在《中国近三百年学术史》中称此书为"政治地理学"。

后来，顾炎武在山东章丘县长白山下租了个房子，开始埋头写作。著作有《山东考古录》《营平二州地名记》《亭林诗集》《日知录》等。

学识渊博的顾炎武，一生著述颇丰，在经学、史学、音韵学、

地理学、文学等领域都有较深造诣。他从小养成了书写读书心得的良好习惯，通过日积月累，将调查访问得到的材料编写成了一部部的著作。尤其是在他花了三十年工夫写成的代表作《日知录》里，阐明了"经世致用"的思想，提出了"天下兴亡，匹夫有责"的响亮口号。这一具有深远意义的处世警句，成为激励中华民族勇往直前的精神力量。

这部《日知录》涉及政治、经济、史地、文艺等内容，极具学术价值，成为他一生治学的结晶，并展示了学者深深的爱国情怀。

孔子曾分别在《论语》中的《颜渊》篇和《子路》篇中，提出"博学于文"和"行己有耻"两个主张，顾炎武将二者结合起来，巧妙地运用在他的治学体系中，重提"博学于文，行己有耻"的准则，强调学者的学习品质应与做人的品行高度统一，才能符合做君子的为人。这一准则的提倡，赋予了近代学术新的内涵，成为一代清学之祖。

对于"学习"，顾炎武强调"博学"与"广师"相结合，主张读万卷书，听万人言；而对于"品行"，强调人要懂得礼义廉耻。指出人若不知廉耻就会背信弃义，而造成这种有悖伦理的现象的根源都因为不知其耻。尤其对于君子士人来讲，"行己有耻"应遵循"不耻恶衣恶食，而耻匹夫匹妇之不被其泽"的原则。意思是君子不在乎布衣简食，而应耻于对天下百姓没有做出任何贡献。

顾炎武的这一论述，成为人们治学的准则和警示。他提出做学问、写文章必须要有利于民众的创作原则，即强调"前世所未尝有，来世所不可无"，以及"文须有益于天下"的论述。因此，他认为只有懂得廉耻而注重实学的人，才真正符合"圣人之道"。这既是顾炎武的治学宗旨与立身处世的原则，也是他推崇学以致用的出发点。

这些论述，正是他多年进行艰苦卓绝的实地考察、不断深入研习思考、厚积薄发而总结出来的精辟见解。1671年，清朝开设明史馆，内阁大学士熊赐履邀请顾炎武参加，被他严词拒绝。后来，康熙为了吸纳汉人学者入朝，命令各地官员和朝廷大臣推荐有学问的人士来做官。这一来，有不少全国各地的学者、文士应召入京，很快当上了官。有人推荐大儒顾炎武，他回信说："我这个古稀之年的老翁还指望什么呢？都到入土的岁数了，如果非要逼我应召，那我只能一死了事。"

为了表明反抗清廷的决心，顾炎武曾以精卫填海的寓言（相传一种毅力坚强小鸟，不停地衔小石子，要把大海填平）创作了一首诗：我愿平东海，身沉心不改。大海无平期，我心无绝时！

顾炎武曾在学习上帮助过他的三个外甥，后来他们应召，都在清廷做了官，号称"昆山三徐"。为此徐氏三兄弟多次给顾炎武写信，要为他买田置宅，请他回乡养老，他都一一谢绝，宁可在异乡过清苦的生活。到了晚年，顾炎武一直在陕西华阴定居。1682年，他在山西曲沃游历时去世，享年七十岁。

顾炎武以"经世致用"的鲜明观点，严谨归纳的考据方法，独具匠心的探索精神，在众多学术领域取得了辉煌成就，开启了一代朴实无华、注重实效的学风典范，给予了清代学者和后世的人们十分有益的思想启迪。

第八章

撰写『聊斋』

《聊斋志异》是一部文言短篇小说集，出自清代杰出的文学家蒲松龄（1640—1715）的笔下。蒲松龄，字留仙，别号柳泉居士，世称聊斋先生。他出生在山东淄川一个没落的小地主家庭。他十九岁应童子试，接连考取了县、府、院三个第一，名震一时。为此他打定主意，想借助科举入仕，哪怕耗费几十年的精力和时间去投入科考。

可偏偏事与愿违，蒲松龄人到中年，却屡试不第，就连家庭温饱都成了问题，为此他不得不放弃科考，以教书为生，郁郁不得志。

由于蒲松龄从小对民间传说的鬼神故事非常感兴趣，无论身在何处，只要听到谈鬼说仙，他都会及时地记录下来。

据清人笔记《三借庐笔谈》中记载：蒲松龄每日晨起，就在马路边铺席摆摊，摊上设有烟茶，坐等过往行人来享用。茶客只要讲述一个鬼狐之类的故事就可以代替茶钱。当他听到过客在此喝茶聊天，津津乐道地讲述那些奇闻逸事，就兴奋地赏烟递茶，乐此不疲。

日子一久，蒲松龄搜集到大量离奇的鬼神故事，成为他日后源源不断的创作素材。经过他的加工整理、粉饰润色，故事里的人妖鬼怪显得有血有肉，情节曲折离奇。

到了 1679 年春，三十九岁的蒲松龄终于将手稿结集成书，名为《聊斋志异》。为了不断充实书中内容，在他六七十岁时，还对该书进行了少量的补充。如今呈现在我们面前的这部小说集，倾注了蒲松龄大半生的精力，前后历时四十余年，笔耕不辍。在编写故事的同时，他仍不忘考取功名，一有机会就去参加科考，而命运却一味地和他开玩笑，总让他名落孙山。

他五十岁那年，瞒着妻子去科考，结果考场上再次失意，回家后沮丧不已。他的妻子忍不住劝他："算了吧，别再去考功名了，如果你命中注定有官运的话，早该做上宰相了，如今已是知天命的年纪，何必还为此苦苦争扎呢？再说村里的日子，咱们不也还过得去吗？"

蒲松龄听了尽管心有不甘，但又觉得妻子说得有理，几年后总算放下了科考的事。后来，他看到年轻的学子兴致勃勃地去参加科举，禁不住也胡子拉碴地跟着人家后生去入考，直至七十一岁时才考取了一名岁贡生（可升入京师国子监读书的大龄学生）。

面对残酷的现实，他只好认命了。

几年后，跟他患难与共的妻子由于操劳过度，患病去世了。回顾妻子默默陪伴了自己一生，往日的温情与呵护依然历历在目。伤心不已的他，饱含深情地写下了《述刘氏行实》的通篇感言，以此缅怀贤妻的良善与美德。此后，他在默默的哀思中度过了几个春秋，于康熙五十四年与世长辞，享年七十五岁。

《聊斋志异》全书共有四百九十一篇短小故事，其中多数篇章来自作者内心的真实感受。通过谈狐说鬼的叙事手法，揭露了专制统治的黑暗，反映了社会的种种不公，倾诉了底层百姓的心声和愿望，具有丰富的思想内涵和批判现实主义的视野。全书描写爱情主题的篇章为数最多，一个个生动感人的故事，表现了对儒家礼教强烈的反叛精神。一些刻画妖狐与世人相恋的故事，体现了作者对理想主义爱情的憧憬和向往。

同时，书中不乏警世之作，有一篇人们熟知的《画皮》故事，成为至今被改编成影视剧次数最多的小说之一。该篇为《聊斋志异》第一卷四十回，讲述太原王生路遇一绝色美女一路奔逃，经询问才知是不堪忍受大太太的虐待，从婆家逃离出来的小妾。王生被美色诱惑，立刻怜香惜玉起来，将美女带回家。谁知美女原本是披着一张用油彩绘画的人皮的厉鬼，为了伪装自己，要吃人心来养护这层人皮。

这只厉鬼利用妖艳美色，不断施展魅术诱惑王生，肉眼凡胎的王生早已被迷惑得神魂颠倒，最终被披着画皮的厉鬼所害。救夫心切的妻子陈氏苦苦央求道士，在道士的指点下终于救回了王生。

这个妖魅害人的故事虽然是虚构的，却蕴含着深刻的哲理，它启示人们，恶人惯于装扮成光鲜亮丽的样子，或乔装成善良的人，殊不知本是蛇蝎心肠，倘若人们放松警惕，就会受骗上当，在不知不觉中丧失性命。

年过花甲的蒲松龄，终于看清了科举制度的丑陋与虚伪，不得不回归到现实的教书生活中。同时，他将心中积郁的愤懑与无奈，全部宣泄在他的鬼狐世界里。为此，他以拟人化的手法来寻求一种超自然的力量，将虚无的鬼怪故事转化为正义战胜邪恶、真情取代伪善的离奇故事，来寄托自己内心深处对光明的追求，冥冥中给世人以祸福相依、互生因果的启示。

《聊斋志异》将一系列异想天开的花妖狐仙、出离冥界、潜入凡间、人狐相恋的传说，夹叙夹议，娓娓道来，组成一个个凄美瑰丽的故事，以此来针砭时弊，抨击封建社会的黑暗与腐败。

第九章

文字狱案

文字狱是因著书立说而引发的罪案，我国历朝历代，数清朝实行的文字狱最为严酷，它严重禁锢人们的思想，钳制人们的话语权，阻碍科学文化的发展。清朝统治者为了镇压汉族文人学者的不满与反抗，牵强附会地从他们的文字作品中断章取义，罗织罪名，构成文字冤狱，以此来强化专制统治。

清廷对中原地区的文人，一是采取招抚的办法让他们为朝廷出力，二是对敢于反抗的人士采取严厉的镇压手段。自清顺治开始，经过康熙、雍正、乾隆三朝，文人学士只要在文字中稍露不满，或在文中有讥讽清朝的内容，即大开杀戒，为此，因言获罪的案件层出不穷，多达数百起，比此前任何朝代都要多。从打击规模和惩处手段来看，比前朝有过之而无不及。

清代著名诗人龚自珍在他的《咏史》里写道："避席畏闻文字狱，著书都为稻粱谋。"指出在清廷的高压下，文士因害怕文字狱而苟且活着，他们著书立说只是为了糊口自保，从清初开始的一百多年里，文坛出现万马齐喑的晦暗局面。

清兵入关后，民族矛盾被不断激化，汉人的反清思潮通过各种文字作品广为流传，并常与反清复明的斗争相结合，清朝统治者震怒。现代著名史学家顾颉刚为此写道："清代三百年，文献不存，文字狱祸尚有可以考见者乎？曰：有之，然其严酷莫甚于清初。"其中两起较大的文字狱案是康熙初年的《明史》案和康熙后期的《南山集》案。

《明史》案起于浙江湖州富豪庄廷鑨，他想写一部《明史》给自己留名，于是到处搜罗资料。同乡朱国祯（明代天启年间内阁首辅）曾经著有《皇明史概》并刊印，另有未刻印的手稿《列朝诸臣传》。朱国祯死后，由于家境衰落，家人听说庄廷鑨想写《明史》，就以千两银子的高价把手稿卖给了庄廷鑨。庄廷鑨在手稿上仍遵奉明朝年号，补写了崇祯朝和南明史事，并含有一些指责清朝的话语，最后署上自己的姓名刻印发行，不久就引来了杀身之祸。

被罢官的原归安知县吴之荣看到此书后乐不可支，认为这是个再入官场的绝好机会。他先到庄家想敲诈一笔钱财，不料碰了一鼻子灰，分文未得。气急败坏的吴之荣立刻转投将军松魁来告发此事。松魁不想蹚这浑水，便移交给巡抚朱昌祚处理，朱昌祚又转交督学胡尚衡。这么一折腾，庄家才感到危险来临。

那时庄廷鑨已死去多年，他的父亲庄允诚赶忙向胡尚衡行了重贿，并将书中指责清朝的文字修改后重刻，认为这样一来，总可以息事宁人了。岂料吴之荣并不罢休，居然揣着初版告到北京。当时康熙帝年幼尚未亲政，鳌拜等人以此大做文章，下令逮捕并严厉处置涉案的相关人士，于是掀起了大狱恶潮。

1663年，作者的弟弟庄廷钺第一个被株连，其后老父亲庄允诚被逮捕上京，后来死于狱中。庄廷鑨虽已去世，却仍难逃此劫，被掘墓开棺碎尸，挫骨扬灰。紧接着，凡与庄氏《明史》有关联的人统统遭殃。曾为该书作序的原礼部侍郎李令哲，尽管认罪伏法，也难逃一死，甚至他的四个儿子也受到株连。主审官见他小儿子刚满十六岁，因不忍判其死刑就提醒他说："口供时你只要少说一岁就可免死，大不了发配充军。"

李令哲的小儿子悲伤地说："父兄们已命丧黄泉，我实在不忍独生。"由于他不改口供，结果同父兄一道赴难。李令哲在序中提到的朱氏，明明指的是明代文学家朱国祯，只因吴之荣与南浔富人朱佑明有怨结，硬说序中朱氏指的就是朱佑明，清廷不分青红皂白，宁可错杀也不放过一人。于是朱佑明父子六人在劫难逃，被小人吴之荣嫁祸而蒙冤受难。

巡抚朱昌祚和督学胡尚衡听说那个躲事儿的松魁被免了官，二人坐立不安，急忙向主审官行贿，把罪责推卸给初审此案的学官，结果学官立即被诛杀。

　　另有个湖州太守谭希闵上任才半个月，虽与《明史》案毫不相干，却莫名其妙地以隐匿罪被绞死了。总之，凡是写序、校阅及刻书，甚至卖书、买书的均被处死，一时血流成河。由《明史》引发的文字狱案，死者竟达七十余人，死难者妻子和受此牵连的数百人，一概被发配边疆。

　　提到《南山集》狱案，起源于安徽桐城人戴名世。自幼聪颖好学的戴名世，后来做了翰林院编修。他对清廷随意篡改明朝历史非常愤慨，于是通过走访明朝遗老来验证史实。在收集明朝史迹时，采用了同乡方孝标的文字材料。方孝标曾在吴三桂手下为官，当吴三桂在云南叛乱的事败露后，方孝标率先投降了清朝，因此得以免罪。后来他回到南京削发为僧。明末清初，他以自己在云南、贵州的见闻，撰写了《滇黔纪闻》一书，记录了南明期间发生的奇闻逸事。戴名世阅后觉得很有趣，就把一些事迹采纳进他的《南山集》。

　　《南山集》由若干人作序，多人捐资刊印。不料书印出十年后，于1711年被左都御史赵申乔告发。因书中引用南明年号，于是指控戴名世"妄窃文名，恃才放荡，私刻文集，语多狂悖"。康熙帝为此震怒，定下"大逆"罪名，下旨将戴名世等人处死。

　　接下来，凡是给《南山集》作序的人一律斩首；捐资刊印出版的方正玉、尤云鹗（è）等人及其家属，被发配宁古塔（今黑龙江省海林市长汀镇古城村）充军。宁古塔是清朝流放犯人的地方，四季如冬，气温通常在零下四十摄氏度，寒冷的气候使那里的犯人生不如死。撰写《滇黔纪闻》的方孝标虽已死，却仍与戴名世

同罪，被开棺焚烧。

《南山集》案被判死刑的就有三百余人，上千人受到牵连。后来康熙帝见朝野上下谈虎色变，民怨四起，便将戴名世的刑罚由凌迟改判为斩刑，将原判斩刑的戴家与方家眷属统统流放到黑龙江。在此仅举两例，已足见清初文字狱对文人学士的残酷迫害。

到了雍正年间，清廷又捕风捉影地弄出个"清风明月案"。说的是江苏昆山人翰林院庶吉士徐骏（顾炎武的甥孙）的遭遇，他写的诗集中有两句是"明月有情还顾我，清风无意不留人"，结果被他的仇家告发。1730年，经刑部等衙门议奏，指控徐骏"思念明朝，诋毁大清"，犯有"讥讪悖乱之言"的大罪，最终被处死，他的诗集文稿尽数焚毁，还株连了一大批读书人。

当清朝统治者对文人笔墨的猜忌从神经过敏发展到神经质时，大批知识分子在文字狱的魔爪下，为求生存只得泯灭思想，抛掉气节，远离学术领域，远离社会现实。他们或抱着僵死的八股程式（写八股文的固定模式）唯唯诺诺、谨小慎微，或一生庸庸碌碌、故步自封。许多被禁锢了思想的文人，再也不敢问津朝政，终日苟且偷安。

文字狱严重阻碍了中国文化的发展与进步，让闭关锁国的清朝开始落后于世界文明的潮流。清代的文字狱除了极少数事出有因外，绝大多数是捕风捉影，纯属冤杀，其对于清朝的人文发展和文化建设，无疑是一场灭顶之灾。

第十章 雍正改革

1722 年年底，康熙帝在北郊畅春园病逝，由四皇子雍亲王胤禛（yìn zhēn）继位，即雍正帝，次年改年号雍正（1723—1735）。雍正帝即位时，清兵入关已近八十年，社会矛盾十分尖锐。雍正帝决心对康熙帝遗留的弊政进行一系列的改革。

雍正帝熟读四书五经，学识渊博，懂得韬光养晦。四十四岁称帝后，他主张"为政务实"。针对康熙帝"多一事不如少一事"的观念，提出了相反的为政举措，提倡"着意搜剔"（指事无巨细，都要剔除弊端），并把朝中认为这是"多事"的大臣，一概斥为"浅见无知辈"。为此，他突破重重阻力，发出为国计民生"兴利除弊"的改革口号，并实行了多项有利于社会发展的举措。

他在内政上增设了三项建制：

第一，建立密折制度。由于康熙时期只有部分大臣才有权上疏奏折，皇帝听到的往往是一面之词。雍正帝希望广泛听取官员们的意见，并疏通和不同级别的官员讨论政事的渠道。为此他设立了密折制度，规定密折内容不允许内阁官员看阅，这样一来削弱了内阁权力，二来防止大臣相互告密，促使官员们互相监督，以便皇帝独揽大权。于是雍正年间的密折内容，几乎事无巨细，大到国家方略，小到凡俗琐事，皇帝尽收眼底，并通过召令个别官员，进一步了解详情。这个密折制度一直实行到清末。

第二，建立秘密立储制度。清朝早期缺乏行之有效的立储制度，常因皇位的继承权产生争端，以致康熙帝驾崩前，朝中上演了一番九子夺嫡的惨剧。为了避免诸子之间争夺皇位，雍正帝采取了秘密建储制度。这一制度规定，在位皇帝生前秘密写下遗诏置入金盒，并藏于乾清宫"正大光明"匾后，等到皇帝驾崩那天打开金盒宣读遗诏后，才能确立遗诏中的新君。另将一份密旨藏于内府，以备核对。这在一定程度上缓解了诸子为争夺皇位而引发的倾轧与内讧。不过到了后来，真正按秘储制度登上皇位的，只有清高宗乾隆帝、清仁宗嘉庆帝、清宣宗道光帝以及清文宗咸丰帝四人。

第三，为了加强君主专制，雍正帝设立了军机处，作为辅助皇帝行政的决策机构，与皇帝商议处理军机要务。军机处的成员由皇帝从内阁大臣中挑选后兼任，他们直接听命于皇帝，尽管总揽军政大权，而令行禁止完全取决于皇帝。只要皇帝出行，身边必有军机大臣左右跟随，在人们眼里，军机大臣一向威风凛凛，

其实不过是狐假虎威，按旨行事而已。军机处是清代专制主义发展到一定阶段的产物，是清廷中枢机构的重大变革，标志着君主集权制发展到了巅峰。

在扩大财政收入与加强边疆统治方面，雍正帝落实了三项改革措施：

第一，实行"摊丁入亩"。康熙年间，百姓交税是按家里总人口来计算，与拥有多少土地无关。按照这种算法，穷苦百姓负担累累，甚至不敢生孩子。而富有的人，就算生育再多也无妨。康熙五十一年，为剔除这一症结，曾下旨"永不加赋"，但在执行过程中由于旨意内容过于宽泛，导致漏洞百出。雍正帝为了公平摊税，将人头税直接跟地税挂钩，下诏百姓有多少亩地，就交多少税，废除了以往的人头税，征收统一的地丁银。田多人丁多，田少人丁少，以实际田亩来核算人丁。至此，政府将人头税放在地税里去征收，百姓再也不用按每户人数交税了。

第二，实施"火耗归公"，又称"耗羡归公"。指的是以往地方官征收钱税时，会以耗损为由，多征钱银，然后把这些损耗的负担转嫁到老百姓身上。耗羡还包含在运粮途中因雀鼠啃食导致的粮食损耗，范围又要大于火耗。无论火耗还是耗羡，都成了各级贪官们捞油水的借口，更是他们中饱私囊的主要来源。不少官员日进斗金，冠冕堂皇地中饱私囊。

早在明朝万历年间，火耗就成了不成文的规定，由地方官员们自己来处置，这些火耗银子大多落在他们自己的腰包里。

火耗归公的目的，是要改变地方官吏任意的摊派行为。这样一来，抽走了地方官员手里的油水，使他们减少了一大笔额外的进账，从而削弱了他们手里的特权。这些贪官一下子断了油水，尽管气得要死，但又怕被雍正帝察觉后要杀头，只好默不作声。

1724年雍正降旨实行耗羡归公，同时推行高薪养廉，各省文职官员除了享有年俸外，另增发给养廉饷银。归公后的耗羡款作为朝廷的征税库存，酌情给本省文职官员养廉银两。这一改革措施集中了朝政的征税权力，减轻了百姓的额外负担，增加了外官的薪酬，对整顿吏治、减少贪污起到了积极作用。可是那些惯于贪腐的州县官，养廉的银子哪里喂得饱他们的贪欲呢？他们在暗中千方百计地向百姓增加名目繁多的摊派，以榨取油水。因此，这仍不能从根本上遏制贪腐问题。

第三，为了加强对边疆的管理，雍正帝在云南、贵州、四川等地实行改土归流政策，即指革除土司制度，废除土司在政治、经济方面所享有的特权，并在这些地区分别设府、厅、州、县管辖。土司是云、贵、川少数民族延续的世袭首领，清朝建立后，土司们表面上臣服，背地里依然是地方上的土皇帝。尤其在经济不发达、交通梗阻的西南地区，土司统治残暴肆虐，为所欲为。他们强占耕地，在地方上拥有绝对的自治权，地方州府无权干涉他们，当地百姓敢怒不敢言，严重阻碍了西南地区的社会经济发展。

为了改变这一情况，雍正帝在云、贵、川、桂等省革除土司六十多个，随后委派有任期、无世袭的流官进行管理。这一改革减轻了西南少数民族地区的压力和负担，改善了原来政令不畅的积弊，促进了各地社会经济和文化的进步。但改土归流打击了土司的世袭特权和利益，遭到各地土司的强烈反对。

1728 年，多名土司聚众叛乱，焚烧知府衙门，将知府刘洪度残忍地剖心祭旗。雍正帝得知后，派云贵两省总督鄂尔泰率兵平叛，鄂尔泰率部南下，逐一清除了盘踞在各个山寨的土司，摧毁了叛乱势力，余下势力较弱的土司纷纷将土地、印信交出，最终平定了西南地区的叛乱。

另外，雍正帝废除了以往的贱籍制度。明朝建文末年，山西、陕西民众因不肯依附朱棣而被编入"乐户"（官妓）籍，他们的后代从此就成了贱民，身份不得改变。他们像奴隶一样生存在社会的最底层，处境极其悲惨。雍正帝将他们全部转为平民，编入正式民户，彻底废除了贱籍制度，使他们再也不用遭受祖辈沿袭下来的歧视和压迫，从而缓解了这一积重多年的社会矛盾。

雍正帝在位十三年，励精图治，大刀阔斧地进行了多方面的社会改革，为"康乾盛世"奠定了基础。

第十一章

板桥先生

清朝到了乾隆年间，进入了繁荣期，随着文人雅士们审美情趣的不断提升，涌现了一批杰出的文学家、书画家。

其中以"诗、书、画"三绝闻名于世的郑板桥（1693—1765），成为"扬州八怪"的主要代表。他原名郑燮（xiè），江苏兴化人，号板桥，人称板桥先生。他的一生可以分为读书教书、卖画扬州、中举与进士及第、出游并在山东做官，以及再次卖画扬州这五个阶段。郑板桥是清代三朝才子：康熙秀才、雍正举人、乾隆元年进士。

出身书香门第的郑板桥，由于家道中落，日子过得很窘迫。三岁时，生母汪夫人去世，心地善良的乳母费氏给了郑板桥无微不至的关怀，成为郑板桥生活和情感上的依靠。

郑板桥从小聪颖好学，幼年随父亲在真州（今江苏省扬州市）毛家桥读书。在父亲的指导下，郑板桥八九岁已能吟诗作对，二十岁那年考中秀才，三年后娶妻徐氏。后来他入京参加科考，因未考中举人，于是携妻儿回到真州，开始在一家私塾教书。

1723 年，三十岁的郑板桥已有二女一子，父亲去世后，家中生活变得更加困苦，靠教书已很难维持一家人的生活，他只好带着妻儿迁往扬州，以卖画为生。

郑板桥一生中最喜欢竹子，因此他画的最多最好的就是竹子。他选住处，都要择竹而居，可见竹子已成为他生命中的一部分。相传在他年轻就读的时候，书桌边的窗外就生长着一片郁郁葱葱的竹林，每当他读书作画感到困倦时，总要抬头看一会儿映在窗纸上的竹影，不知不觉就提起神儿来。

在郑板桥的眼中，那竹影就像一幅天然的水墨画，在微风中轻轻摇曳，往往会激发起强烈的创作欲望，为此他反复临摹窗纸上的竹影。久而久之，他画出的竹子疏密相间，错落有致，充满了神韵，如同真的一般。他曾自题："吾之竹清俗雅脱乎，书法有行款，竹更要行款，书法有浓淡，竹更要有浓淡，书法有疏密，竹更要有疏密。"

在刻苦的练习中，郑板桥悟出了书法、绘画中讲究留白的重要性，并将字款巧妙地题于竹石间，以求字、画在卷幅中相得益彰，互为呼应。他还以竹子的"坚韧多节"来表达自己清新高雅的情操。他曾有两首咏竹的诗，一首为《竹石》：

咬定青山不放松，立根原在破岩中。

千磨万击还坚劲，任尔东西南北风。

作者自喻为挺拔坚韧的竹子，表明虽然世事艰难，也要像竹子般超凡脱俗。

另一首为《题画竹》：

画竹插天盖地来，翻风覆雨笔头栽。

我今不肯从人法，写出龙须凤尾排。

前两句写画竹的气势，后两句写人与竹的"择善固执"，表现了作者从不随波逐流的秉性。

郑板桥在学习书法时同样刻苦，尽管临摹多家的字体已达到神似的程度，但他仍然不满意。据传，他竟在爱妻徐氏的背上画来画去，揣摩字的笔画和结构。妻子被划得不耐烦了，忍不住说："你有你的体，我有我的体，你老在人家的体上画什么？"

听了妻子无意间说出的一句双关语，郑板桥顿悟：不能老在别人的体位上循规蹈矩，只有从中获得独特的感悟，才能另辟蹊径，独领风骚啊。于是，他采取书法家黄庭坚的长画划入八分，用夸张的手法来"摇波驻节"，并讲究单字略扁，左低右高，如同作画一般。此外，他将画兰、竹的手法运用在写字上，以求书法韵律中的画意。

清代戏曲家蒋士铨（quán）夸赞他"写字如作兰，波磔（zhé，捺笔为"磔"）奇古形翩翩"，生动地道出了"板桥体"浑然洒脱的书法特质。

"三绝诗书画，一官归去来"是对郑板桥生平的概括和赞誉；

另有一副文士们常用的楹联——"传家有道存忠厚，处世无奇但率真"，成为郑板桥做人的真实写照。

由于郑板桥的画极受欢迎，名声也越来越大，在扬州卖画的十年期间，不少达官显贵都争相购买，因此他的生活还算过得富裕。为了考取功名，他开始继续读书备考。1725 年，三十三岁的郑板桥在北京参加科考期间，结识了康熙帝的第二十一子慎郡王允禧，那时允禧才十五岁，两人很快成为忘年交。

1732 年秋，四十岁的郑板桥赴南京参加乡试，中了举人，为求深造，他又赴镇江焦山读书。现存焦山别峰庵有一副郑板桥手书木刻的对联："室雅何须大，花香不在多。"

1736 年，郑板桥在北京参加礼部会试，中了贡士。五月入太和殿参加殿试，又中了进士。欣喜之余，特作《秋葵石笋图》，并题诗为"我亦终葵称进士，相随丹桂状元郎"，可见当时的喜悦之情溢于言表。

为考取功名，他从秀才到进士，历经清朝三帝，终于如愿以偿。他在京城逗留了一年多，不料等来等去，乾隆帝也没有赐他个一官半职。倍感失落的郑板桥，功名心受到很大打击，在沮丧与无奈中，他只好又回到了扬州。

几年后，在好友允禧的推荐下，乾隆帝终于垂怜到这位才子身上，于是年过半百的郑板桥举家来到了范县就任县令。在他的管理下，百姓安居乐业。五十四岁那年，朝廷调他到潍县（今山东省潍坊市）当了县令。

郑板桥上任不久，偏偏遇上山东受灾，当时饥民无数，饿殍遍野，救灾成为刻不容缓的大事。由于情况紧急，他来不及等上面批复，毅然决定开仓放粮，将县衙内储存的粮食全部发放给了饥民，同时动员官员煮粥赈灾，下令当地富豪平价售粮。不料一向清廉刚正的郑板桥，为此得罪了一伙儿官绅富豪，这批人怀恨在心，诬告他赈灾不力而要弹劾他。

郑板桥顾不得这帮诬陷他的恶人，白天继续为赈灾奔波劳累，夜晚心系灾民，思绪万千。难以入眠的他，听着窗外风吹竹叶的声音，竹叶萧萧作响，犹如百姓啼饥号寒，于是他起身展纸作诗，创作出著名的《墨竹图题诗》：

衙斋卧听萧萧竹，疑是民间疾苦声。

些小吾曹州县吏，一枝一叶总关情。

由于对百姓疾苦怀有深切的同情，在他的诗文绘画中，往往蕴含着一种悲悯情怀的艺术格调与品性。

做了十二年七品官的郑板桥，通过赈灾救民的风风雨雨，彻底看清了官场上的黑暗与丑陋。1753年，六十一岁的郑板桥毅然辞去官职，写出了"难得糊涂"这意味深长的四个字。

闻讯而来的百姓走上街头，一再挽留这位七品官，随后在潍城海岛寺为郑板桥建立了一座生祠。当郑板桥惜别这些拥戴他的潍县民众时，在他的一幅竹图上题了一首诗：

乌纱掷去不为官，囊橐萧萧两袖寒。

写取一枝清瘦竹，秋风江上作渔竿。

在这首诗中，人们不仅体会到他关切民情、毅然辞官的崇高气节，同时感受到一种题诗如画的审美情趣，不愧为一代诗、书、画"三绝"的大家。

辞官后的郑板桥再次回到了扬州，继续以卖画为生，往来于扬州、兴化之间，与同道朋友挥毫作画，饮酒赋诗。1765年底，郑板桥去世，葬于兴化城东管阮庄，享年七十三岁。

第十二章

观弈道人

乾隆年间，有一位著名学者、诗人、目录学家和小说家，叫纪昀（1724—1805），字晓岚，道号观弈道人，河北直隶献县（今河北省沧州市献县）人。世人都称他为纪晓岚。

据考证，自纪晓岚上溯七世，家中都是读书人。从他父亲纪容舒起，纪氏家道从衰落走向复兴，于是更加重视读书。纪家遗训写有"贫莫断书香"一语，作为纪容舒次子的纪晓岚就出生在这样一个书香门第之家。

纪晓岚自幼聪明伶俐，四岁就开始启蒙读书，才华横溢。有一次，他与几个小伙伴在街上踢球，正玩儿得开心，不知是谁凌空一脚，不偏不倚，把球踢进了一旁路过的知县轿子里。小伙伴们都吓跑了，唯独纪晓岚人小鬼大，居然上前拦住了知县的轿子，没事人似的招着小手要球。轿子里的知县见他挺有胆识，浑身又透着机灵，就想考考他。

知县一边攥着球一边说："还你球可以，不过我有一个对子，你得能对上来，如果对不上，这球就是我的了。"

纪晓岚信心十足地说："行，您可得说话算数。"

"那当然，你听好了，我的上联是：童子六七人，唯汝狡。"

纪晓岚眼珠子一转，然后笑着说："知县二千石，独公……"说到这儿，他偏偏停住了，想吊一下知县的胃口。

知县急着问："独公什么？你说呀？"

纪晓岚晃着小脑袋调皮地回答："若知县把球还给我，就填'廉'；若不还，就填'贪'。"

知县听了大笑起来，竖起拇指称赞道："好一个聪明的娃子！"说完，就把球还给了他。

邻近的东光县（今河北省沧州市东光县）有个进士叫马周菉，他的二女儿叫马月芳，生得肤白皮嫩，眉清目秀，是远近闻名的大美女，他们是元代著名戏曲家马致远的后人，家学渊源。才貌双全的马月芳到了出嫁的年龄，面对众多追求者，就想通过考试来选夫婿。

有一天，纪晓岚的三叔纪容雅带他到邻县马月芳家去求亲，马月芳的父亲马周菉热情地招待了他们，寒暄过后，父女俩就想考考纪晓岚。不大会儿工夫，一副对联的上联摆在了纪晓岚面前："乾八卦，坤八卦，八八六十四卦，卦卦乾坤已定。"这副上联

不仅对仗工整，而且内涵丰富。三叔一见，尽管平日教过侄儿不少对子，可此时不得不为纪晓岚捏了把汗。

纪晓岚稍加思索，欣然挥毫作对："鸾九声，凤九声，九九八十一声，声声鸾凤和鸣。"其中"鸾凤和鸣"正对"乾坤已定"，紧扣新婚主题，既表达了凤求凰的美意，又展现了非凡的才情。如此这般巧对楹联，纪大才子终于抱得美人归。

天资聪颖的纪晓岚，幼年时已显出过目成诵的才华。成年后，他更加孜孜不倦，二十一岁参加科举考试中了秀才，二十四岁应顺天府乡试，为解元。年轻时，他致力于训诂考证的学问，几案摆满了各类史学典籍。三十一岁那年考中进士，入翰林院为庶吉士，受任编修，开始了他的官宦生涯。平日里，他常以文章习作，同文士们一道研习探究，以求文采飞扬，而对于楹联的创作，更是讲究声韵平仄、抽黄对白（成语，意为对仗工整）。

纪晓岚喜欢抽旱烟，满朝文武暗地里叫他"纪大烟袋"。有一次乾隆帝急召纪晓岚议事，纪晓岚匆匆敲了敲烟袋锅，就一把塞在靴子里去朝见皇上。不料没熄灭的烟火在靴子里慢慢燃了起来，他只好强忍着烧痛，一心盼着皇上快点下朝。这时，裤脚偏偏冒出烟来，皇上突然闻到一股烟味儿，忙问他怎么回事，纪晓岚只好回答："靴内失火了。"皇上一听，速让他去处理，他这才跛着脚跑了出去。由于小腿被灼伤，他不得不拄着拐杖走了一段日子。

纪晓岚一生中做得最多的是主持科举考试和编修典籍。他曾做过山西和顺天乡试的主考官，为朝廷挖掘人才。他六次成为文武会试考官，因此门下弟子众多，在文人士林中颇具影响。他主持的编修名目繁多，先后做过武英殿纂修官、三通馆纂修官、功臣馆总纂官、国史馆总纂官等等，不胜枚举。后来官至礼部尚书、协办大学士、太子少保。

1768 年，纪晓岚听说乾隆帝要查办已经告老还乡的前两淮盐政卢见曾，而卢见曾的孙子卢荫文早已迎娶了自己的女儿纪韵华。眼瞧着亲家要出事，纪晓岚心急如焚，一琢磨，速拿来一撮盐和一撮茶叶，装到一个信封里，封好后没写一个字，就派人连夜送到卢家。

卢见曾拆开信后一愣，反复端详着倒在几案上的茶和盐，想了老半天，突然明白了朝廷要茶（查）盐案，顿时吓出一身冷汗，赶忙设法填补亏空。后来钦差到卢家调查时，什么也没查到。

乾隆帝不肯罢休，命大学士刘统勋彻查此案，最终年纪轻轻的卢荫文吓得不行，连忙把老丈人的那封茶盐信给招了出来，结果祖父因盐案被杀，受到牵连的纪晓岚，以通风报信之罪，被乾隆帝发配到乌鲁木齐军台效力。在前往新疆伊犁的漫长路途中，纪晓岚不断与当地民众交流，写下了不少作品，后来整理成册，起名为《阅微草堂笔记》。

乾隆帝虽然发配了纪晓岚，却不禁暗暗赏识他巧设"茶盐信"的妙招儿，心想，此人真是个不可多得的人才。发配纪晓岚两年多来，皇上总觉着身边少了个人。1771 年，当他准备编著《四库全书》时，立即将四十八岁的纪晓岚从新疆召回京。

乾隆帝编著《四库全书》的主要目的，是在编纂中删掉那些带有反清内容的书籍。清朝实行的文字狱，到了乾隆时期达到了巅峰，纪晓岚和同僚们在一片风声鹤唳中被选入"四库馆"。纪晓岚被任命为《四库全书》的总纂官，当时正处于文化专制最严酷的年代。

《四库全书》开馆期间，发生了五十多起由修书而引发的文字狱案。一些和纪晓岚共同担任总纂、总校的大员，不是被罚没家产，就是被恫吓致死。纪晓岚也曾数次被牵连进相关的文字狱中，几经波折，险象丛生。他多次被记过，不得不按皇帝的要求自掏腰包改印书籍。作为饱读诗书的一代通儒，在帝制皇权的高压下，只得艰难地生活在生与死的夹缝中，不得不令人悲叹。

《四库全书》的纂修自乾隆三十八年（1773年）二月开"四库馆"至闭馆，共经历了十四个年头。纪晓岚始终担任总纂一职，付出了大量的心血。《四库全书总目提要》共 200 卷，正式收入图书3461 种；目录存书就有 6819 种，共有 93500 余卷。因《总目》卷帙浩繁，不便检索，为此，纪晓岚在《总目》的基础上，精益求精，又删节编写成《四库全书简明目录》20 卷。分经、史、子、集四部。《四库全书》的修成，对于搜集整理古籍，保存和发扬历史文化遗产，研究古代文史，无疑是一个重大贡献。

在纪晓岚晚年别号中，最喜欢用的就是"观弈道人"。 1784年修成《四库全书》之后，他请画家沈云浦画了一幅《桐荫观弈图》，画中的道人（指深谙棋术的纪晓岚）正在一旁静观二人下棋。微风轻拂的树荫下，呈现出一派鸟语花香、静坐博弈与观弈、三者无声胜有声的恬适与宁静。

1805 年，这位年逾八旬的老人走完了自己的一生，他因编纂《四库全书》、整理《阅微草堂笔记》等诸多著作而被后世铭记。他也曾给自己写过一首词，其中两句是"浮沉宦海如鸥鸟，生死书丛不老泉"，成为他一生的真实写照。鲁迅先生曾评价纪晓岚："处世贵宽，论人欲恕。"

第十三章

红学溯源

乾隆时期的文坛，除了以"三绝才子"郑板桥为代表的"扬州八怪"之外，还出现了一位伟大的文学家，他就是我国古代四大名著之一《红楼梦》的作者曹雪芹。

曹雪芹于康熙年间生于江宁织造府（今南京市），本名曹霑，雪芹是他的号。由于家世显赫，他曾是个名副其实的贵族子弟。他的曾祖父曹寅做过江宁织造，这是个专为皇家生产丝织用品的肥差事。曹家与皇家关系密切，曹雪芹的曾祖母孙氏曾做过康熙帝玄烨的奶娘，曾祖父曹玺做过康熙帝的伴读和御前侍卫，很受康熙帝的宠信，后来曹雪芹的祖父曹寅做了江宁织造，并兼任两淮巡盐监察御史。

阔绰宽裕的家境，使童年时代的曹雪芹无忧无虑。他天性奔放，十分淘气，因此见了那些艰涩的八股文就厌烦，对四书五经也没兴趣，更反感科举考试。尽管父亲曹頫（fǔ）给曹雪芹请了家教，还上过一阵子家塾，可曹雪芹从小有祖母李氏在身边呵护、疼爱，因此在他的童年里，充满了快乐的时光和天真的幻想。

由于祖父曹寅兼管扬州诗局，负责《全唐诗》以及二十多种精装书的刻印，所以曹家藏书种类繁多，各类精本就有三千多种。曹雪芹自幼生活在浩瀚的书海里，在父兄潜移默化的熏陶下，他博览群书，尤其喜读诗文、辞赋和小说之类的文学书籍，并对戏曲、美食、养生、医药、茶道、织造等百科丛书兴趣盎然，从中吸取了不少知识。

在康熙、雍正两朝，曹家祖孙三代四人主政江宁织造达五十八年，成为当时南京第一豪门，被天下人推为望族。康熙帝曾经六下江南，其中四次由曹寅负责接驾，并住在曹家。雍正帝登基后，由于宫廷内部错综复杂的矛盾，许多大臣受到牵连，曹家也不例外。

雍正五年（1727年）十二月，时任江宁织造员外郎、曹雪芹的父亲曹頫以骚扰驿站、织造亏空、转移财产等罪名被雍正帝革职入狱，次年正月元宵节前被抄家。只有十二岁的曹雪芹，眼瞧着家里被抄了个底儿朝天，顿时觉得天昏地暗，心灵受到极大创伤。随着父亲的地位一落千丈，一家人在江宁无法度日，只得举家迁回北京老家。

曹家老宅在北京崇文门外蒜市口，旧房十七间半，家仆三对，日子虽比不上江宁织造府，但也算过得不错了。可是为了偿还骚扰驿站案所欠的银两和维持家用，不得已将祖上土地卖了数千金。后来每况愈下，到了入不敷出的地步，只好典当家产。偏偏祸不单行，此时又有贼寇趁机入室盗窃，结果连日用开销的钱都没了，只得被迫拿房地文书做抵押。后来甚至沦落到门户凋零，人口流散，短短几年变得瓦残垣破，日渐衰微，家族从此一蹶不振。

雍正末期，曹雪芹已长大成人，从此再也不见他少年时期的青涩与单纯，他开始帮着料理家务，尽力为家庭分忧解难。后来，他逐渐结识了一批学界名流和文坛前辈，在他们的影响下，树立了著书立说的远大志向。为此他更加勤奋读书，刻苦研习，时常访师会友，研究学问，以求精益求精。

自从繁花似锦的曹府瞬间变得凋零衰败，曹雪芹深感世态炎凉，人情冷暖，对当时的社会有了较为清醒的认识。他开始蔑视权贵，宁可过着一贫如洗的日子，也要远离官场。面对家道中落，他变得少言寡语，渐渐学会了用眼睛去观察人和事物，由此不断体验和感悟身边发生的一幕幕凄楚而悲凉的人生。

曹雪芹清楚地意识到，曾经的贵族家庭已不可挽回地衰败了，为此，他对这一族群产生了一种叛逆的心理。面对贵族阶层时常表现出来的傲慢与偏见，他力求摆脱对自己的影响。少年时代的贵族生活给他留下了深深的印记，那些历历在目的往事，经常叩击着他的心扉，为他后来的创作打下了坚实的基础。曹雪芹决定以自己的亲身经历，写一部反映贵族生活的悲剧小说，以此将内心积郁的全部情感，倾注到《红楼梦》这部小说里。

在隐居西山的十多年间，曹雪芹以坚韧不拔的毅力，不畏艰辛，笔耕不辍，终于创作出极具思想性、艺术性的伟大巨著《红楼梦》（又称《石头记》）。小说以贾、史、王、薛四大家族所发生的事件为背景，以贾宝玉、林黛玉爱情悲剧为主线，着重描写宁、荣两府由盛而衰的转变。小说里有几句谚俗口碑，形象地描绘出四大家族在衰败前的繁华景象：

贾不假，白玉为堂金作马。（贾家）

阿房宫，三百里，住不下金陵一个史。（史家）

东海缺少白玉床，龙王来请金陵王。（王家）

丰年好大雪，珍珠如土金如铁。（薛家）

曹雪芹的晚年时光，将所有精力都用在了《红楼梦》的创作和修改上。当他写到八十回的时候，他的小儿子突然病死了，他悲痛欲绝，生了一场大病而卧床不起，最终在完成第八十回后，就离开了人世，年仅四十八岁。

曹雪芹去世后，他的《红楼梦》小说手稿经朋友们相继传抄，渐渐流传开来。由于《红楼梦》里的故事并没有完结，给人们留下了很大的遐想空间，于是有一位叫高鹗（è）的作者，努力尝试着按曹雪芹的思路与风格继续往下写。在他后续的四十回章节里，基本上遵循了曹雪芹的创作思想，完成了《红楼梦》的悲剧主题。

后来有人把曹雪芹的《红楼梦》八十回与高鹗续写的后四十回合在一起出版，从此《红楼梦》全本就在中国流行起来。一直到今天，《红楼梦》依旧深受广大读者的喜爱，并不断吸引着国内外许多学者的研究兴趣。后来，人们把研究《红楼梦》这部小

说的学科称为"红学"。

曹雪芹在《红楼梦》里，以无畏的探索精神和创新意识，直接取材于现实社会生活，刻画出人物的多样性与人性的复杂性。全书渗透着作者悲天悯人的情怀，对生活在底层的小人物寄予了深切的同情，充满了"字字看来皆是血"的悲剧色彩。同时，对达官显贵附庸皇权而显现的势利与虚伪进行了无情的揭露和抨击。在形形色色的人物关系中，揭示了表面上繁花似锦的宁、荣二府频频暴露出来的扭曲心态，以及被一代皇权碾压后家族分崩离析、辉煌不再、走向颓败的趋势。

被誉为当代红学泰斗、红学研究"第一人"的周汝昌先生说："曹雪芹的一生，是不寻常的，坎坷困顿而又光辉灿烂……他有老庄的哲思，有屈原的《骚》愤，有司马迁的史才，有顾恺之的画艺和'痴绝'，有李义山、杜牧之风流才调，还有李龟年、黄幡绰的音乐、剧曲的天才功力……"

《红楼梦》的创作规模宏大、结构严谨、语言精练、描写生动。作者神奇般地完成了从类型化到个性化的转变，塑造出众多具有典型性格的艺术形象。他以诗人的情愫将纷繁平淡的生活巧妙地升华为诗画一般的意境。书中形形色色的人物，在曹雪芹的笔下呼之欲出，跃然纸上；那娓娓道来的辛酸苦涩与世态炎凉，令读者尽品深藏于贾府豪门内的人情世故。

《红楼梦》作为中国古代章回小说的高峰，在世界文学史上占有重要地位，成为中华民族和世界人民宝贵的文化遗产和精神财富，并对后世作家的创作产生了深远影响。

第十四章

乾隆南巡

清朝的第六位皇帝爱新觉罗·弘历（1711—1799），是雍正帝的第四个儿子。弘历自小受到祖父康熙帝的疼爱，一直留在宫中培养。1723年，雍正帝秘密将他定为皇储，十年后封为和硕宝亲王。1735年雍正帝驾崩后，弘历即位，是为清高宗，年号乾隆，寓意"天道昌隆"。乾隆帝在位六十年（1736—1796），理政事项繁多，其中六下江南，被后世广为评说。

从官方史籍到民间野史中，对乾隆南巡都有着许多描述：有的说他修堤筑坝，功在千秋；有的说他把朝政大事都交给了大臣，自己一味迷恋江南水乡；也有说他风流成性，挥霍无度。众说纷纭，褒贬不一。

提起乾隆六下江南中的"江南"，大多指长江以南太湖流域附近的南京、镇江、常州、无锡、苏州、杭州、湖州、嘉兴、绍兴、宁波、上海等地。往大了说，还有江苏南通、扬州、泰州，浙江金华、舟山、海宁等地。六次南巡中，乾隆帝每次都要到江宁府（今南京市）、苏州府、杭州府、扬州府巡视，后四次还巡幸了浙江的海宁。

俗话说，上有天堂，下有苏杭。乾隆帝即位不久，听说苏州的景色美如天堂，就很想去江南巡游视察，于是派大学士讷亲先去江南实地察看一番。讷亲往返走了一大圈，总觉得这件事劳民伤财，于是在回奏中表明：苏州城外如同一个大坟堆，只有一个叫虎丘的地方还算得上是个名胜。城里就更别提了，河道狭窄，装粪便的船只随处可见，一到晌午就臭不可闻，实在谈不上景色宜人。乾隆帝听了讷亲的回奏，十分扫兴，只好先打消了南巡的念头。

到了1749年，江南官吏为了讨好皇帝，先后启奏乾隆帝下江南巡视，整日闷在宫里的乾隆帝正觉着乏味，这一来正合自己的心意。同年十月初五，他宣布两年后南巡。

准备下江南的乾隆帝，除了效仿他最敬佩的爷爷康熙帝，还抱着兴建水利的重要目的。他曾说："南巡之事，莫大于河工。"

康熙时期，南巡主要是为了治理黄河，而乾隆帝的六次南巡中，有五次视察黄河治理工程，四次巡视浙江的海塘工程。当时，解决黄河水患的关键点在江苏的清口以及洪泽湖的高家堰。为此，乾隆帝每次南巡都要到这两个地方来察看。只不过和他爷爷康熙帝相比，他下江南更多是为了游乐，每次都携带大批嫔妃、皇亲国戚、王公大臣、侍卫官员等两千多人相伴而行。

乾隆帝在南巡的前一年，命人在沿途大修行宫，建桥铺路，广搭彩棚。地方官吏乘机对辖地百姓敲诈勒索，若不服从搬迁，轻则强拆民房，铲平祖坟，重则借以道路受阻，把不愿迁出的百姓扣上逆贼的帽子投入大牢。百姓怨声载道，敢怒不敢言。

再看水路上行驶的一千多艘南巡大船，旌旗招展，首尾相接。为了搬运大批帐篷、四季衣物、各种器具，不惜动用良马六千匹，骡马车四百辆，骆驼八百只，征调纤夫三千六百人，服役的民夫达万人。一旦皇上驾到，不仅沿途地方官吏要进献山珍海味，还要从全国各地运送各种美食，连饮水都必须是从北京、济南、镇江等地运去的知名泉水。

1751年，乾隆帝第一次南巡以视察水利工程为重点。当他来到江苏西部淮河下游的洪泽湖时，了解到高家堰与蒋家坝之间的黄河大堤只有三座大坝，每逢夏秋两季，这座中国第四大淡水湖（洪泽湖）水位陡然上涨，由于排洪不畅，极易发生水灾。这时，前来陪同皇帝的河道总督高斌建议，再增建两座大坝即可解决问题，乾隆帝当即采纳了这一建议。

不久，高家堰共建有五座水坝，分别被命名为仁、义、智、礼、信。每当洪泽湖水位上涨时，五座大坝可以及时调节水的流速和流量，有效地保证了大堤和下游的安全。

到了1760年，浙江水灾告急。原来，浙江的海宁州和仁和县处于江海的交汇处，每天都要发生两次大的潮汐。一旦海堤被冲垮，整个江南将沦为一片汪洋。早在汉朝时，人们就开始在这里修建海塘，此后历代不断修筑，从没有间断过。而在这次重修海塘的施工中，人们出现了分歧：到底是修筑石塘呢，还是修筑柴塘？

1762年，乾隆帝第三次南巡，到达海宁的第二天就亲临现场，进行试验性打桩。他看出如果修建石塘，必须从旧塘坝向后移数十丈才能下桩，这样将会毁掉许多百姓的田地和村庄。于是他决定先修筑柴塘，并要求当地官员征调劳役，每年用竹篓装上石头予以加固。

在这次南巡中，乾隆帝再次来到清口东西坝闸前，经过反复勘察，计算流量，最后明确规定："上坝的水位上涨一尺，下坝的闸门可以开到十丈。"这就是著名的清口水坝。由于河道官员严守这一规定，在相当长的时期内，下游的各州县镇避免了水患灾害。

1780年，六十九岁的乾隆帝第五次南巡，当见到当年柴塘堤坝的泥土被湍急的水流不断冲走，一个个装石头的竹篓都露了出来时，决定凡是修建石塘的地方，都改建为鱼鳞石塘。该塘用上千斤的重条石逐层上叠，从侧面看塘身，层次排列如同鱼鳞，所以就有了个美丽的名字——鱼鳞石塘。

1784年，乾隆帝最后一次南巡，他针对杭州余杭与海宁交界以西的范公塘一带的水利设施存在诸多问题的状况，下令范公塘一律改建石坝。回京后，他下拨了五百万两库银，下旨"自新建石塘尾起，越范公塘一带，直抵乌龙庙止"。三年后，全部海塘工程竣工，至此，浙江海防系统已经形成，有力地保障了江南水

乡的繁荣昌盛。

乾隆帝南巡的另一个目的是笼络人心，凡是他经过的地方，都被不同程度地减免了赋税。他对接驾及办差的官员大加赏赐，加官晋爵；特别是对前来接驾的老臣，他嘘寒问暖，不但赏赐人参、貂皮等物品，还要给他们的子孙赏赐功名。

在南巡途中，乾隆帝对前来拜见的文人士子，亲自命题考试。不少考题跳出了八股文的范畴而注重实际应用。如在浙江大修海塘，他就以《海塘得失策》为题。取得头等成绩的考生，立即授予官职，为此选拔了不少有实干能力的人才。

乾隆帝南巡六次，每次都带着画师随行，一边饱览山川美景，一边将喜爱的江南景色摹绘成图，然后按图施工，在圆明园和承德避暑山庄仿建。如南京的瞻园、海宁的安澜园、杭州的小有天园和苏州的狮子林，江南的四大名园后来都在圆明园中予以重建。另有杭州著名的雷峰夕照、三潭印月、平湖秋月等西湖十景，不但按实景仿制，名称也原样照搬。在避暑山庄仿建的还有镇江的金山寺、嘉兴的烟雨楼和宁波的天一阁（文津阁），以及无锡的双湖夹镜等多处江南名胜。

针对南巡中铺张浪费、大讲排场的现象，朝中许多大臣上疏，力谏取消南巡，结果遭到乾隆帝严厉斥责，他们不是被惩处就是被罢官。在帝王的高压下，大臣们只好眼睁睁看着国库枯竭，国家一天天走向衰败。

晚年时期的乾隆帝，才意识到自己南巡的错误。在《清史稿》的《吴熊光传》中，载有他自省的话语："我当皇帝六十年，自认为没犯什么大错。唯有六次南巡，劳民伤财，把好事办成了坏事。"

乾隆帝六次南巡，不惜花费巨资来一味彰显奢华的"康乾盛世"，尽管采取了防洪筑堤等措施，可仍不免杯水车薪，几度入不敷出，债台高筑，致使大清朝一步步地走向衰落。

乾隆时期，有一位与纪晓岚齐名的文人叫袁枚（1716—1798），他与纪晓岚被人们称为"南袁北纪"。袁枚在诗歌方面取得了突出的成就，与同时代的诗人赵翼、蒋士铨并称为"乾隆三大家"。

袁枚，字子才，自号仓山居士，钱塘（今杭州）人。天资聪颖的袁枚，从小喜欢读书。因家里没有闲钱买书，他就经常外出借阅，或者去书店里阅读，一旦看到精美的诗句，他就立即摘抄下来，并分门别类地进行整理。通过日积月累，写诗、作文时常妙笔生花，语出惊人。

袁枚小时候，曾与大人们去游览钱塘的吴山，大家爬上山顶后，看到钱塘城里千家万户都在眼

第十五章

随园先生

下，就连朵朵白云也一阵阵飘浮在他们的脚下，面对仙境一般的景色，大人们不禁纷纷赞叹起来："这儿的景色简直美极了！""好美！好漂亮啊！"小袁枚面对此景，顿时产生了灵感，即兴作了首诗，其中的两句是："眼前两三级，足下万千家。"话音刚落，就把在场的人们给惊着了，大家不禁啧啧称赞："一个小孩子，居然有如此的想象力，后生可畏啊！"

擅长写诗文的袁枚，少年时已崭露头角。到了乾隆四年（1739年），二十四岁的他参加了朝廷科考，试题为《赋得因风想玉珂》，袁枚在诗中写出了"声疑来禁院，人似隔天河"的妙句，把考官们给看蒙了。末了，考官们认为他"语涉不庄，将置之孙山"。幸好得到当时刑部尚书尹继善的极力举荐，才免于名落孙山，得中进士，授予翰林院庶吉士一职。

乾隆八至十年（1743—1745），袁枚被调到江南一带做官，曾任沭阳（今江苏省沭阳县）、江宁、上元（江宁县为今江苏省南京市的辖区，上元县现被划入江宁区）等地知县。在上任期间，正值所谓"乾隆盛世"，但沭阳却是悍吏横行、民不聊生，竟有"饥口三十万，饿死者不计其数"。袁枚面对"路有饿殍、哀鸿四野"的残酷现状，激愤地写道："百死犹可忍，饿死苦不速，野狗衔髅髑（髅髑，lóudú，死人的头盖骨），骨瘦亦无肉。自恨作父母，不愿生耳目。"他以犀利的笔触，对那些"苛政猛于虎，悍吏虐于蝗"，置人民生死于不顾的贪官污吏，予以无情的鞭挞。

袁枚企盼着"纾国更纾民（减轻国家的困难，更应解除百姓的困苦），终为百姓福"的愿望能够早日实现。为此，他在任期内对百姓减免赋税，开仓赈灾，并率领民众治理水患，筑建了有名的六塘子堰。为了尽快恢复农业生产，他不辞劳苦，采取多种抗灾措施并取得了成效。与此同时，他还严厉管束衙役和家属，不准扰民害民。

据史册记载，在讼狱案情的处理上，他"为政终日坐堂"，凡"吏民百事，有小讼狱立判无稽留"，遇大案也从不拖沓，秉公快速结案。由于他治理有方，政绩显著，不畏权贵，严格推行律法，社会秩序趋于稳定，得到当时总督尹继善的赏识。

袁枚不但关心农业生产，还与工匠、商贩、蚕妇、书生多有交往，并深入市井体察民生，得到百姓的拥戴，百姓都称他为"大好官"。

1745年，当袁枚离任沭阳时，当地百姓一路夹道送行，攀车敬酒，含泪话别。在袁牧走马上任各地知县的生涯中，一如既往地心系民众，为官清廉。转眼间过去了四年。为人正直的袁枚，尽管被民众誉为大好官，心里却一直厌恶尔虞我诈的官场，不愿在这个相互倾轧的大染缸中争夺名利，盼望能够早日过上无羁无绊的生活。

1749年，袁枚的父亲亡故，三十四岁的袁牧主动辞去官职，回乡养母。他在江宁买下了一座隋氏废园，经过一番改造，更名为"随园"，自号仓山居士、随园老人。园内景色秀丽，素静雅致，随处可体现主人精心设计的审美情趣。他每日浇花种竹，研究诗赋，著书立说。从此，袁枚在这世外桃源般的随园里度过了近半个世纪悠闲自得的日子，再也没有进入官场。

1788年，七十三岁高龄的袁枚应沭阳名人吕峄亭的邀请，重

回故地做客。沭阳各界人士听说后，事先赶往三十里外迎接。袁枚深受感动，面对如此拥戴他的民众，写下了情真意切的短文《重到沭阳图记》，其中写道："盖贤者视民如家，官居而不能忘其地者，则其地之人，亦不能忘之也。"意思是："因为贤能的人视民如家，做官而不能忘了他曾经管辖过的地方，于是这个地方的百姓也不会忘了他。"可见官爱民，民爱官，的确不失为地方官的典范。

少年时代的袁枚苦于无钱藏书，做官后，他以薪俸陆续购书达四十万卷，珍藏于随园内的"小仓山房"和"所好轩"这两座藏书小楼。他专门写有一篇《所好轩记》，并在自注中表明，世间的味、色、花、竹、金石、字画，都有一定的时间限制，只有藏书，无论少壮与饥寒，不受限制，读无止境。

袁枚终生以喜爱的文学为事业，他与赵翼、张问陶并称乾嘉诗坛性灵派三大家，并成为性灵派创作理论的倡导者。他提出的性灵，主要体现在诗歌创作方面，主张性情至上，认为"诗者，人之性情也，性情之外无诗"，强调"凡诗之传者，都是性灵，不关堆垛（机械地堆砌）"，认为诗歌反映了人的心声，是性情的真实流露。

袁枚在诗坛活跃了四十余年，创作诗篇四千余首，大致体现了他的性灵学说，形成了独特的诗文风格。在他的性灵学说里，一贯主张把"性灵"和"学识"结合起来，以性情、天分与后天学习历程中的真、新、活为创作基础。他反对刻板的儒家诗教，在他的部分诗篇里，对汉儒和程朱理学进行了抨击，并宣称"六经尽糟粕"。但他并非反对平仄声韵、骈俪用典等诗歌形式，只是提倡诗歌应表现性灵。

袁枚诗歌的主要特点，即是抒写个人生活经历中的真实感受、情趣和见解，在艺术上不拘一格，往往不受传统诗词的束缚，时常在突破传统框架的同时，以熟练的技巧和流畅的语言，将捕捉到的艺术形象拿来抒发自己的切身感受。这种追求真率自然、清新灵巧的艺术风格，在他的诗作中随处可见。作为清代文学家，他的文学思想还广泛涉及文论及文学发展、文体作用等各个方面，为清诗开创了新局面。

袁枚一生著述颇丰，著有《小仓山房诗文集》《随园诗话》《随园随笔》《随园食单》等等。其中《随园食单》是一部较为系统地论述烹饪技术和南北菜点的著作，全书分为须知单、戒单、海鲜单、杂素菜单、点心单、饭粥单、茶酒单等十四个类别。在须知单中，他阐明了全书的宗旨："学问之道，先知而后行，饮食亦然，作须知单。"以此作为饮食通则。他在戒单中告诫人们："为政者兴一利不如除一弊，能除饮食之弊，则思过半矣，作戒单。"短短几句，以小见大，以点带面，道出了为政者应遵循首先除掉积弊的治世原则。

另外在"茶酒单"一篇里，袁牧对南北名茶均有详尽的评述，并记述了不少茶制食品。其中有一种"面茶"，将面粉用粗茶汁熬煮后，再加上芝麻酱、牛乳等佐料，即散发出一种沁人心脾的奶茶香气，美味可口；另有经过茶叶浸泡熏过的火腿，称为"茶腿"，肉色火红、质鲜味美、茶香四溢。由此看出袁枚不仅是位著名文学家，也是位颇具品位的美食家。

　　这位充满性灵的诗人，悠然自得地活到了八十二岁高龄，寿终正寝。去世后葬在南京百步坡，世称"随园先生"。他当年在沭阳县衙亲手培植的一株紫藤，至今仍然根深叶茂，生机勃勃，被列为沭阳县重点保护文物之一。

第十六章

贪官和珅

清朝乾隆年间的权臣和珅（1750—1799）是中国历史上最著名的大贪官之一。

和珅，原名善保，满洲正红旗人，出生于乾隆十五年，父亲名常保，曾任福建副都统，祖上是今辽宁省清原县人，清初随清帝入关后，住在北京西直门内驴肉胡同里。和珅三岁时母亲因难产去世，临终产下弟弟和琳。父亲在和珅九岁那年因病去世，为人清廉的常保死后留下了一所旧宅和一点家产，结果统统落到了和珅后妈手里。刻薄的后妈并不待见和珅兄弟俩，以致他俩的生活还不如后妈身边的下人，幸亏有老家丁和父亲的一位偏房保护，总算没被赶出家门，靠着他们的接济才勉强糊口。

年少的和珅父母双亡，又偏偏遇上个抠门的后妈，人情的冷漠、生活的压力，使他领悟到只有读书，进入仕途，才能彻底翻身。为了筹钱读书，和珅四处求人，却毫无结果，无奈中只好委托家仆，将求助信转交给他的姥爷嘉谟。不料身为河道总督的姥爷因女儿去世多年，对落魄的外孙们并没有什么怜悯心，草草给了他们一点零花钱，就把哥儿俩给打发了。

几经周折，和珅终于考上了咸安官学，他通过刻苦勤学，不但熟读四书五经，还精通满、汉、蒙、藏四种语言，受到老师的喜爱，并在日后朝廷外交事务中，深得乾隆帝的赏识。

1772年，二十二岁的和珅风华正茂，被朝廷挑选为粘杆处（雍正时期创立的特务机构）侍卫，并担任三等侍卫。

年纪轻轻的和珅，虽然是个小侍卫，却非常善于揣摩乾隆帝的心思，每每投其所好，总能讨得皇帝的欢心。他深知乾隆帝最崇拜爷爷康熙帝，就常常借着歌颂圣祖的威德，来获得乾隆帝的宠爱。此后，他经常伴随乾隆帝出巡，比朝堂上的大臣更容易接近皇上。

有次出巡，半路上乾隆帝突然收到急奏，报有重犯越狱。他生气地对随行的大臣们说道："虎兕（兕，sì，虎兕，类似犀牛的一种异兽）出于柙（xiá，关猛兽的笼子）？"意思是"重犯逃出了大牢？"

众臣听了面面相觑，一些文官听出这句话来自《论语》，可不知皇上这会儿的用意是什么。

这时，和珅振振有词地向大臣们解释："皇上是在问'虎兕出于枑'究竟是谁的责任？如今重犯能够逃出大牢，当然是狱卒看守不严嘛，你们说是不是？"

众臣这才恍然大悟，纷纷点头，一些人立即赶往大牢去查问看守，好给皇帝一个交代。

乾隆帝看着远去的大臣，回过头来对眉清目秀的和珅笑了笑，高兴地问："你读过《论语》？"和珅恭敬地回答："奴才读过。"

"唔，好！"乾隆帝满意地点了点头。他又询问了和珅一些学业和家世方面的情况，和珅都一一躬身作答。

乾隆帝见和珅相貌堂堂，仪表俊雅，声音清澈，十分欣赏。久而久之，和珅凭着自己的那股子机灵劲儿，很快升为仪仗队的侍从，从此青云直上，先后做到了内阁首席大学士、领班军机大臣、内务府总管、《四库全书》总裁官、步军统领等十个重要职务，俨然一人之下，万人之上。

在和珅的官宦生涯中，最拿手的本事就是敛财，日进斗金成了家常便饭。凡是求官的人，都争先恐后地把钱财送到他手里，只企盼他在皇上跟前美言几句，没准儿自己就能平步青云。

当初有一个叫国泰的山东泗阳县令，连做梦都想升官，趁着和珅做寿那天，赶忙送去一方端砚，砚座是用厚厚的一块整金嵌定，足足有五六斤。和珅一看，心中暗喜，再说自己的官位收这点玩意儿也算不得什么，于是欣然收下，并记住了这个县令的名字。

当乾隆帝打算第五次南巡时，和珅立即提前写了封密信给国泰，信上说：正月，乾隆帝南巡经山东曲阜祭孔之后，将往江苏行进，届时必然经过泗阳县，若想留住皇帝，就须在县城正东的马路边建造一座行宫，要建得跟世外桃源似的别具一格，还愁皇上不来吗？

国泰阅后喜出望外，立即招募全县的能工巧匠，开始按照江南水乡的式样大建行宫。

不久，乾隆帝南巡路过泗阳县的时候，被小桥边淙淙的溪水吸引住了，不觉停下了脚步。这时候，和珅就引领着充满好奇心的皇帝往新建的行宫方向走去。

乾隆帝一见到眼前秀丽的江南行宫与院落，十分欣喜，忙问是谁修建的，和珅立即把县官国泰的名字报了上去。乾隆帝马上召来了国泰，夸奖了一番，又询问了他一些县政治理情况。面对皇帝的问话，国泰早有准备，回答得让乾隆帝舒舒服服的。一旁的和珅笑眯眯地顺口美言了两句，乾隆帝一高兴，立刻升了国泰的官，从县令一跃为道台（相当于现在的市长）。

其他苦于求官而不得的小吏们一见国泰的运气这么好，争先恐后地给和珅送去金银珠宝、古玩字画。此时的和珅，开始得意地享受起日进斗金的生活。这以后，他几乎每天都跟过节似的，眉开眼笑地迎来送往，大小礼金一一笑纳，从不拒绝。

光阴似箭，转眼乾隆帝已过了耄耋之年，为了不超过他爷爷康熙帝的在位年限，八十五岁的乾隆帝在当了六十年皇帝后，将皇位传给了皇太子颙琰（颙琰，yóng yǎn），自己做了太上皇。继位后的颙琰是清朝的第七位皇帝——清仁宗嘉庆帝。

乾隆帝虽然退位，依然以太上皇的身份掌控着朝政大权。年事已高的他让和珅站在朝堂上替他传话。当和珅传达完圣意时，众臣都要跪拜谢恩，就连嘉庆帝也得照跪。此时殿上只有宠臣和

珅站在太上皇身边。大臣们私下都说和珅是"二皇帝"，而一边的嘉庆帝却常被冷落。

这时的和珅已做到户部尚书，主管全国的财政大权。二十一年来他一直坐在这个肥差上，继续经营着他捞钱的营生。日子一久，京城的人都熟知和珅的房产遍布大街小巷。那么大贪官和珅又是怎么落马的呢？

嘉庆四年（1799 年）正月，乾隆帝驾崩，和珅失去了保护伞，如坐针毡，惶惶不可终日。那些曾在和珅面前唯唯诺诺的大臣，纷纷见风使舵，开始揭发和珅的贪污罪行。一时在嘉庆帝案前，堆满了弹劾和珅的奏折。内阁大学士刘墉依旨调查，和珅犯有"二十条大罪"。嘉庆帝立即将和珅关进了大牢，并抄了他的家。经查抄后粗略统计，和珅贪污受贿的总额竟然高达十亿银两。而清廷每年的财政收入也不过七八千万两白银，和珅个人的财产，已抵过大清朝十几年的财政收入。

震怒之下的嘉庆帝，决定将和珅凌迟处死。但是刘墉等人却极力反对，认为和珅虽然罪不可赦，但毕竟曾是乾隆帝身边的红人，如今先帝尸骨未寒，就对前朝老臣痛下杀手，有损皇家颜面，并会引得朝野上下惶恐不安。最终，嘉庆帝改为赐和珅自缢。

1799 年正月十五元宵节，身陷大牢的和珅自知时日无多，仰望高墙外的一轮明月，往年家中其乐融融的景象历历在目，不由得感慨人生造化，悲哀地在狱墙上写下了两首《悔诗》，其一为：

夜月明如火，嗟予困已深。

一生原是梦，卅载枉劳神。

屋暗难捱晓，墙高不见春。

星辰和冷月，缧绁泣孤臣。（缧绁，léixiè，捆绑犯人的绳索）

刚作完一首，不禁想起自己锒铛入狱时的情景，实在追悔莫及。

这时，窗外的爆竹声突然响起，瞬间把他从昔日"二皇帝"的梦境里唤醒，一番叹息后，他接着又作了第二首诗：

今夕是何夕，元宵又一春。

可怜此夜月，分外照愁人。

对景伤前事，怀才误此身。

余生料无几，空负九重恩。

三天后，和珅以"二十条大罪"被赐予白绫一条。当他颤巍巍地手握白绫，一边往脖子上套着，一边愁肠寸断地想："本官那么多钱财都留给谁了呢？"末了，随着一声哀叹，四十九岁的和珅两眼一黑，一切都成了虚无。

没几天，嘉庆帝把抄没的大批财宝统统运进宫里储藏起来。不久，宫廷内外流传出这么一句话："和珅跌倒，嘉庆吃饱。"而实际上，从乾隆后期开始国库已入不敷出，和珅的这些财产即便全部充抵国库，也只是杯水车薪！

第十七章

虎门销烟

1820 年，嘉庆帝的第二子，清宣宗爱新觉罗·旻（mín）宁继位为清朝的第八位皇帝，年号道光。

从明末到清初，中国统治者为了维护统治，一味闭关锁国，几百年间对国外先进的科技发展和军事成果不闻不问。18 世纪 60 年代，英国率先开始了工业革命。到了 19 世纪三四十年代，英、法、美等西方各国的资本主义经济迅速崛起，大机器工业逐步取代了手工业。尤其当英国完成工业革命以后，商品产量急剧上升，垄断资本家迫切需要扩大商品市场，开始加紧征服海外殖民地和抢占原料产地。于是地大物博、人口众多而工业又相当落后的中国，成为老牌殖民主义者英国侵略和掠夺的重要目标。

早在道光帝继位之前，清政府就开放了广州，和西方国家特别是英国进行贸易往来。中国的瓷器、丝绸、茶叶在西方很受欢迎，常常供不应求，所以，在早期的中西方贸易往来中，清朝始终处于贸易顺差（某国的出口额大于进口额，即该国在对外贸易中处于较为有利的地位；反之，若某国在对外贸易中处于贸易逆差，则说明该国在对外贸易中处于不利地位）。以英国为首的西方国家为了扭转贸易逆差的局面，也为了开拓中国的市场，向中国大量输入鸦片，从此打开了中国的国门。

自从道光帝登基后，鸦片开始在中国迅速传播开来，随着鸦片输入的增多，中英两国的贸易额产生了逆转，造成中国巨大的贸易逆差。据统计，1820 年至 1840 年间，清朝的白银外流高达一亿两，使国家经济濒临崩溃。更为严重的是，鸦片的泛滥极大地摧残了吸食者的身心健康，不仅平民百姓吸食鸦片，就连王公贵族、当朝大臣都在抽鸦片。

众所周知，抽鸦片一旦上了瘾就难以戒掉。许多民众因为没钱买鸦片，毒瘾一发作，就疯了似的卖房赊地，甚至卖儿卖女，最终落得妻离子散，家破人亡。如果任其发展，必将使华夏民族面临灭亡的险境。

对于禁烟，当时朝廷内部分为严禁派和弛禁派，以直隶总督琦善为首的弛禁派，主张妥协与主和，并以各种理由将毒品危害归咎于社会问题，而当时主张禁烟的官员却占少数，因此道光帝对禁烟的态度一开始是犹疑不决的。

这时，身为湖广总督的林则徐向朝廷上疏，他在奏折中写道：如今鸦片已严重危害国人健康。一些城镇烟馆林立，成千上万的大烟鬼已沦为废人。更为严重的是，鸦片在削弱军队的战斗力，若干年后，随着库银不断流失，将没有钱来购买枪支弹药。被鸦片毒害的士兵，将失去战斗力，最终国家将走向灭亡。为此严禁鸦片，已迫在眉睫。

道光帝看到大批白银流入外国人的手中，换来的却是害人的鸦片，内心烦忧不已。如今林则徐的进谏，使他终于意识到抽鸦片不会带来什么神仙般的享受，而会让整个国家和民族走向消亡。

1838年末，道光帝终于下令，任命林则徐为钦差大臣，在全国禁吸鸦片。心急如焚的林则徐立刻走马上任，前往鸦片的集散地广州，严查鸦片入境情况，一旦查获，将严厉处置。

新上任的钦差大臣引起了王公贵族、八旗子弟和以琦善为首的弛禁派的不满，但碍于皇威在上，他们不敢公开表示反对，只在暗中伺机加以阻挠。

1839年春，林则徐到达广州，广东官员们鸣九声礼炮热情迎接。在他们的陪同下，林则徐首先参观了越华书院，并题了一副对联："海纳百川，有容乃大；壁立千仞，无欲则刚。"

林则徐的到来，使当地的鸦片烟商闻风而动，他们以为用金钱贿赂就能让林则徐放自己一马。岂料林则徐以民族危亡为己任，视贿金如粪土。他严格限定所有烟商三日内须交出全数鸦片，并要求烟贩签订保证书，声明以后不再贩卖，倘若查出货船夹带鸦片即全部没收，烟贩就地正法。少数胆小的烟商听到警告后，立刻交出了所囤的鸦片，但大部分烟商，包括官府差役、小吏查办，由于利益的驱使，仍然置若罔闻，无动于衷。

林则徐得知一些大鸦片商与当地官差相互勾结，于是进一步警告："若鸦片一日未绝，本大臣一日不回，誓与此事相始终，断无中止之理。"接着，林则徐聚集了当地知识界人士，号召三大书院（粤秀书院、越华书院、羊城书院）共六百四十五名学生入贡院参加"考试"。

虽然名为考试，其实是四个问题的问卷调查：一、鸦片集散地与经营者姓名；二、大大小小的零售商名号；三、过去的禁烟弊端；四、禁绝鸦片的方法。通过这次特殊的考试，林则徐掌握了所有烟商以及贪官污吏的名单。

名单中的鸦片商，绝大多数来自英国。于是林则徐立刻写了一封致维多利亚女王的照会，他在文中质问英女王："你们明知鸦片有害，既然在英国不产鸦片，并严禁国民吸食，为何还要在英国的殖民地印度种植鸦片，并批准烟商同中国进行鸦片贸易呢？"最后，他义正词严地通知女王，中国已经全面进入禁烟状态，希望女王通知英国商人放弃售卖鸦片的活动。谁知照会寄出后音信全无，英国女王对此并没有表态。

在广州贸易中心洋货十三行这边，面对林则徐的宣告，外国烟商迅速成立了委员会，为了拖延时间，他们借口要商量一番。三天后，烟商象征性地交出了少量的鸦片来糊弄清朝官员。这一伎俩很快就被两广总督邓廷桢等官员识破了。

邓廷桢与广东巡抚怡良通力合作，下令封锁广州海岸，围困十三行，查封烟馆，逮捕烟贩，并依法处死了中国烟贩冯安刚。宝顺洋行的英国鸦片贩子颠地闻讯企图逃走，被邓廷桢逮个正着。怡和洋行的查顿为阻止林则徐等人禁烟，匆匆返回英国，游说女王应对清廷采取强硬措施。林则徐得知人称"铁头老鼠"的查顿跑回了老家，轻蔑地冷笑道："铁头老鼠，狡猾的鸦片走私头目，畏惧天朝的愤怒，已经回到了烟雾之地。"

英国驻华商务总督义律得知十三行受到围困，立刻从澳门赶到广州，向清政府表示，应当将鸦片交易视为两国正常的公平贸易。清廷没有理睬他，再次下令要求十三行的外国商人立刻交出所有鸦片。随后，林则徐下令十三行内的中国人立刻迁出，并对困在十三行里的外国烟商断粮断水，以切断他们同外界的所有联系。

在与世隔绝的日子里，义律终于扛不住了，表示愿意交出鸦片。当广州知府要与他见面时，义律却又躲了起来。愤怒的林则徐立即向义律下了最后通牒。随后义律才让所有的英商将鸦片先交给自己，并向这些英商保证，一切损失都由英国政府负责。最后，义律以英国女王的名义缴出鸦片二万零二百八十三箱，共计二百多万斤。

随后，林则徐决定在虎门公开销烟，并找出了两种销毁鸦片的方法。第一种为传统的"烟土拌桐油焚毁法"，但烟膏残余会渗入土地，吸毒者若掘地取土，仍能得到少量烟膏。于是林则徐采纳了第二种方法，即"海水浸化法"。

四月二十二日，虎门销烟活动正式开始，广东各府官员全部出席。由于恰逢端午节前，人们潮涌般纷纷赶往虎门浅滩，希望能亲眼见证这一伟大时刻。此外，没有贩卖鸦片的外商、领事、外国记者、传教士等等，都专程从澳门或其他地方赶来参观，当中有美商 C.W. 金、传教士裨治文、商船船长弁（biàn）逊等十人，他们不相信林则徐能把所有鸦片完全销毁，于是前来进行实地印证。

林则徐索性让他们亲临池边，目睹销烟的过程，并进行实时讲解。当他们观看完销烟的全过程，才心悦诚服地向林则徐脱帽致敬。

虎门销烟一共持续了二十天，共销毁二百三十七万余斤鸦片。事后，传教士裨治文在主办的《中国丛报》中记述："我们已经反复检查销毁的过程，在整个工作进行过程中他们细心和忠实的程度，远远超出我们的预料，我不能想象再有任何事情会比执行这项任务更加忠实的了。"后来，虎门销烟成为英国对中国发动第一次鸦片战争的借口。

林则徐领导禁烟运动的胜利，大大增强了国民的觉醒意识与反抗外来侵略的决心，维护了国家利益和民族尊严，鼓舞了广大人民的斗志。

第十八章

鸦片战争

虎门销烟不到一个月，在香港九龙尖沙咀村就发生了英国水兵酗酒滋事，打死村民林维喜的命案。林则徐要求英国商务总监义律交出凶手，义律却徇私枉法，私下草草了事。

此前义律妄图阻挠禁烟，百般拖延后才交出鸦片，已使林则徐对他深感厌恶，如今又明目张胆地在大清境内包庇杀人凶手，对此林则徐决不姑息。林则徐下令禁止一切贸易，同时派兵进入澳门，将那些在义律庇护下寄居澳门的英国商人全都驱逐出境。此事成为鸦片战争的导火索。

英国政府终于坐不住了，虎门销烟对他们来说如同当头一棒，如今英商又被驱逐，恼羞成怒的英政府为了实施报复，以商务受阻和英国子民受到威胁为由，派遣舰队公然发动了侵略中国的鸦片战争。

此刻，一向以天朝自居的道光帝，压根儿就没把这群来自远方的"蛮夷"军队放在眼里，于是下旨封锁港口，永远断绝与英国的贸易。为此，英国和清朝的关系已全面恶化。

1840年6月，一支由四十余艘舰船、三千名船员及四千名陆军组成的英国东方远征军，在义律的堂哥、英国海军少将、侵华英军总司令乔治·懿律的率领下，从印度出发，陆续抵达广东珠江口外，封锁了广州、厦门的海口。尽管英政府始终没有正式宣战，称其只是一种军事报复行动，而实际上这标志着第一次鸦片战争已正式开始。

战争爆发初期，广东军民在林则徐的带领下严防死守，使英军无机可乘。7月，英舰进犯厦门，被闽浙总督邓廷桢的水师击退。接着英军乘浙江防务空虚，攻占定海（今舟山）。8月，英军舰船沿海北上，抵达天津大沽口外，形势急转直下。

此时，早已吓破了胆的直隶总督琦善从天津匆匆赶回，战战兢兢地将英舰迫近的情况奏报皇上，原本主张抵抗的道光帝听琦善这么一忽悠，投降派又一窝蜂似的在旁边添油加醋，不禁有些动摇了。没几天，他终于妥协了。

1840年8月，道光帝命琦善转告英国人，允许英国商人在清朝境内通商。为了乞求英军撤到广州港口再行谈判，居然将林则徐、邓廷桢撤职，充军新疆伊犁。此时，在天津大沽口的英军正赶上水土不服，疫病流行，于是英方同意将谈判地点改到广东。9月，道光帝任命琦善为钦差大臣、两广总督兼海关监督。

11 月底，琦善到达广州，与驻华商务监督义律开始谈判。由于英方条件过于苛刻，琦善既不敢轻易答应，又不敢断然拒绝，于是一拖再拖。一个月下来，由于未取得任何进展，野心勃勃的义律决定"战后再商"。

1841 年 1 月 7 日，英军乘琦善此前为讨好洋人，已将炮台守军撤掉了三分之二，突然发起沙角、大角之战，攻占了虎门的第一重要门户沙角和大角炮台。随后，英舰抵近珠江口，围困虎门炮台第二道门户横档岛。在英军武力的威慑下，琦善慌忙请求停战，重新与义律在穿鼻洋进行议和谈判。

在这次谈判中，英军拟了一份《穿鼻草约》，要求割让香港岛。由于涉及土地割让，没有皇帝的允许，琦善不敢轻易签字，却奴颜婢膝地向义律表示，愿向道光帝呈上"代为恳请在尖沙咀或香港地方择一隅供英人寄居"的奏表。

狡猾的义律并不等清帝批奏，就在 1 月 20 日单方面公布《穿鼻草约》。几天后，英国海军在水坑口登陆升旗，强占香港。而《穿鼻草约》的签订，并没有得到两国政府的承认。清廷认为割地是奇耻大辱，举国震怒。道光帝更是气得火冒三丈，立刻下令将琦善抄家革职，捉拿进京。而当时的英国认为香港不过是"一个杳无人烟的荒芜小岛"，不足以代替通商条约。

当英军登陆香港的坏消息传到北京后，道光帝感到颜面丢尽，立即派出侍卫大臣奕山为靖逆将军，并从各地调兵万余人奔赴广东抵抗英军。1841 年 2 月，道光帝下令对英宣战。

镇守虎门的提督关天培，面对众多由海陆进攻的英军，向仅有的四百名将士发出"人在炮台在，不离炮台半步"的豪迈誓言。尽管炮筒因连续发射，变得通红而炸裂，将士们却仍然奋不顾身地与两千多名英军展开殊死的肉搏战。最后寡不敌众，关天培英勇牺牲，虎门炮台失守。

1841 年 5 月，英军占领了广州城郊四方炮台，开始炮击广州城。面对英军兵临城下，一万八千多清军兵败如山倒，纷纷退进城内。奕山一看败局已定，慌忙竖起白旗求和，被迫签订了《广州和约》，而英军不但没有撤离广州，还勒索清廷向英军支付六百万银圆的"赎城费"。为了不被皇帝惩罚，奕山虚报战功，居然将虎门之战的惨败，谎称是清军大胜。

5 月末，盘踞在广州北郊四方炮台的英军，闯入三元里一带骚扰抢劫，激起了三元里乡民的强烈愤慨，村民自发组织了武装抗英队伍。他们高举"平英团"大旗，以三星旗作为令旗，"旗进人进，旗退人退"。数千民众手持长矛、大刀冒雨迎敌，将两百多名英兵团团包围。当时雷雨大作，英兵火枪受潮，发挥不出威力。直到他们在肉搏中死了人，英军忙派出两个连的水兵来救援，被困英军在援军的护送下才退至四方炮台。

自从三元里抗英后，广东人民又发布"誓灭英逆"的文告，自发地组织武装力量，开展反侵略斗争。

与此同时，英国政府认为六百万银圆的赎城费太少，为了扩大侵华战争，调换了英军首领，由璞鼎查替代懿律。1841 年 8 月，英军攻陷了厦门。1842 年 6 月攻陷吴淞，7 月攻陷镇江，最终进犯南京。腐朽的清政府一再向侵略者委曲求全，最终于 1842 年

8月29日，在英舰"康华丽"号上签订了丧权辱国的中英《南京条约》。

《南京条约》的主要内容是：一、中国割让香港岛；二、向英国赔偿两千一百万银圆；三、五口通商，放广州、福州、厦门、宁波、上海五处为通商口岸，允许英人居住并派驻领事；四、协定关税，英商应纳进出口货税、饷费，中国海关无权自主；五、废除公行制度，准许英商在华自由贸易等。这成为中国近代史上的第一个不平等条约，自此，英军以华夏典籍中从未记载过的"坚船利炮"，轰开了紧闭数千年的古老东方大门，中国由封建社会逐步变为半殖民地半封建社会。

第十九章

国中之国

　　自从腐朽没落的清政府同英国签订了屈辱的《南京条约》之后，在中国的土地上开始滋生出"租界"这个怪胎。在近代中国百年的屈辱史中，这个具有洋人特权色彩的租界，逐渐成了各国列强蚕食中国的工具，列强轮番在中国上演了一幕幕的"国中之国"闹剧。列强们凭借武力的威逼，使积贫积弱的晚清更加"国将不国"，又一次暴露了帝国主义列强的侵略本性。

　　从18世纪中叶起，为了在东方大国开辟新的通商口岸，英国殖民者曾多次以各种方式，在中国浙江、福建、广东等东南沿海比较富饶的地区寻觅良港。不久，来自大不列颠的这双鹰眼盯上了黄浦江与苏州河交汇处（今上海外滩一带）

的那块宝地。

当时参与签订《南京条约》的英国侵略军头目璞鼎查认为，虽然眼下散居在上海的英国商人和传教士仅有二十五人，但随着中英港口贸易的开展，日后来华的英国人将会大幅增加，于是他决定在上海预选英国人的居留地。

1842 年 12 月，璞鼎查将巴富尔上尉推荐为首任英国驻上海领事，随后把寻找定居地的任务交给了他。1843 年 11 月 8 日，巴富尔从南京赴上海走马上任，第一件事就是拜会上海的地方官——道台（清朝介于省、府之间的地方官）宫慕久。当二人商定完上海的开埠事项后，巴富尔才不经意地说出了心中盘算已久的话：

"初登台府，多有打扰，今后免不了要常打交道，若不介意的话，道台大人可否协助在城内物色一块供建领事馆用的地皮？"

宫慕久听了心头一紧，暗想："如果华洋杂居一处，早晚会闹出乱子来，朝廷一旦怪罪下来，肯定吃不了兜着走。"想到这里，顺口就讲起了上海话："侬（你）也看到了，此地人山人海，大家都觉着像'小苏州'，依我看比苏州还要闹忙（热闹），尤其在城里厢，轧（挤）得来一塌糊涂。我看这样子，侬先勿要急，等我空下来再到城外头替侬寻寻看。"

一番吴侬软语，说得巴富尔一时半会儿没了脾气，直到出了门才琢磨过味儿来，没想到头一回和道台打交道，自己就碰上个软钉子，气得一连几天派人在城内到处转悠，疯了似的寻找出租房。同时放话向宫慕久施压：若是找不到房子，宁可在城里搭帐篷也不去郊外。宫慕久听了照旧耸耸肩，表示无可奈何，双方一时陷入了僵局。

这时，一名上海地产商听到风声，找到了巴富尔，表示愿意出租整座楼房。巴富尔正急得没着没落，一看是座有五十二间房的老宅，兴奋得马上就租下了。宫慕久见木已成舟，只好以"此处老宅尚不扰民"为由，奏报朝廷了事。

巴富尔在老宅住下不久，就对外宣布上海于1843年11月17日正式开埠。一个多月后，就有十一家外国洋行拥入上海滩。接着英国传教士、医生、领事馆人员接踵而至。与此同时，国内外的冒险家、雇佣买办、金融家、大小商人以及形形色色的帮会闻讯蜂拥而至，陆续会集于黄浦江畔。一时江中汽笛鸣声不断，路旁灯火彻夜长明；那边西装革履出没，这边长袍马褂成群；时而摩肩接踵，时而交错同行。熙熙攘攘的人群里，尽管人声鼎沸，而当地的方言土语和欧美洋腔却显得泾渭分明。

在此之前，上海百姓很少见过洋人，以致常有路人驻足，好奇地观望那些招摇过市的高鼻子。此间，偏有些盛气凌人的洋鬼子，仗着清廷懦弱，肆意惹是生非，挑衅华人。久而久之，华洋之间的纠纷和摩擦时有发生。一次，有个洋人闹事被巡警拘捕，巴富尔竟威胁要出动军舰来迫使清政府放人，结果还是以宫慕久委曲求全出面道歉，放了人，才算收场。

事后，宫慕久压了一肚子的火，如实禀报给两江总督璧昌、江苏巡抚孙善宝，并向他们建议："要不然给洋人一块地算了，实行华洋分居，省得他们以后再寻衅滋事。"

两个老官听完，扭脸一嘀咕，巡抚就发了话："你是地方官，

比我们熟悉情况，涉外的事情还是由你掂量着办吧，我们不便插手啊。"几句不疼不痒的官腔，就把宫慕久给打发了。他明知两个老家伙在推卸责任，只好匆匆告辞，心想：哼，别看官不小，就会打哈哈，大不了自己拿主意。

巴富尔见清廷一听军舰就怵了，得意了好几天，这会儿忽然想起要买地的事来，马上又来拜会宫慕久，一进门就笑眯眯地说："道台大人，近来发生了很多不愉快，实在是因为我们没有一块自己的居留地才造成的。我看黄浦江边的那片荒滩还空着呢，望道台大人高抬贵手，卖给我们做居住地吧。"巴富尔的如意算盘早就打好了，等买下这片地，盖上楼房再高价转租给侨民，狠狠赚它一把。

宫慕久正没好气，心想这家伙几天前还拿军舰吓唬人来着，这会儿又满脸堆笑地上门来谈买地皮，于是不耐烦地摆了摆手，公事公办地说："按照大清律例，土地是不能卖给你们的，顶多出租而已。"

遭到拒绝的巴富尔，这回可是厚着脸皮死缠不放，跟宫慕久以谈判的形式纠缠了两年。末了，宫慕久迫于种种压力，心想，既然上面不担事儿，那就自己来扛吧。于是，就租地的范围、手续以及外侨应遵守的条例等事项，经过反复推敲后，最终以告示的形式，于1845年11月29日，公布了他同巴富尔签订的《上海土地章程》（也称《上海租地章程》）。

《章程》规定：洋泾浜（今延安东路）以北，李家庄（今北京东路）以南，东至黄浦江，西至界路（今河南中路），面积约八百三十亩的租界界址，准租与英国商人，为建筑房舍及居住之用。至此，英国开创了帝国主义在中国境内划定租界的权利，在上海建立了第一个租界。

随着来沪的各国侨民不断增多，英国领事开始不失时机地扩大租界面积，以谋求更多利益。1848年，新任英国驻上海领事阿礼国为扩充英租界，正式向中方提出要求。

同年11月，中英双方订约，将英租界面积向周边扩充为两千八百二十亩。太平天国起义期间，英国向清政府以极低的价格在上海建立租界后，又在洋泾浜沿岸建造了八百多幢简易民宅，将租界里的房产生意做得风生水起。继英租界后，各国列强纷纷在中国设立租界，随后清政府逐渐丧失了对租界的控制权，致使我国重要的商业港口城市不断产生大大小小的"国中之国"。

由于人口和资金不断流入，英租界内土地和房屋价格暴涨。尤其外滩一带的地价，在1852年至1862年的十年间，平均涨了两百倍。在此期间，英租界当局趁着房价动荡，乘机夺取了租界内华人的司法管辖权，独揽了租界内一切诉讼案件的审判权，严重地侵犯了一个国家的司法和主权。

此后，英国当局多次单方面修改《上海土地章程》，使清政府完全丧失了对租界的制约力，致使在外滩公园（今黄浦公园）的门前，出现了"华人与狗不得入内"的告示，可见国人在那个年代是多么屈辱。

继英租界之后，美、法、俄、日等帝国主义列强纷纷效尤。从鸦片战争到1902年的六十年间，帝国主义列强先后在中国上海、广州、厦门、福州、天津、镇江、汉口、九江、烟台、芜湖、重庆、杭州、苏州、沙市、长沙、鼓浪屿等十六个市区强行占有"租借地"。

这些租借地、租界都位于沿海沿江的通商口岸。列强建立租界往往是从经济角度考虑，带有资本主义的时代特征，而租借地几乎都是出于军事和政治的角度考虑，带有明显的帝国主义侵略特征。租界和租借地的存在，严重侵犯了一个国家领土主权的完整，成为一种变相的殖民统治区。

第二十章

金田起义

鸦片战争后，西方列强开始疯狂地对中国的政治、军事、经济和文化进行侵略、控制和掠夺，使中国延续了几千年的中央集权的古代社会逐步解体，从此进入了近代社会。

清廷为了弥补因赔款造成的两千多万两银圆的巨额财政赤字，对百姓加紧横征暴敛，税收增加了一至三倍以上。大地主乘机疯狂兼并土地，使农民的处境雪上加霜。

此外，虎门销烟后，英国用大炮炸开了中国封闭的国门。外国工业商品大量输入，国内大批手工业者纷纷破产，处于水深火热的百姓忍无可忍，纷纷揭竿而起。鸦片战争后的十年间，各族人民自发组织的反清起义就达上百次。

　　1849 年前后，广西连年闹灾，当地广大农民苦不堪言。此时，倡议反清复明的天地会（清代民间帮会）纷纷起义，呈现出星火燎原之势。不久，当地爆发了由洪秀全领导的金田起义。

　　1814 年，洪秀全出生于广东花县（今广州市花都区）的一户耕读世家。他七岁入村学，熟读四书五经及一些古籍。1827 年，十三岁的洪秀全参加县试名列前茅，但后来到广州参加府试时却落榜了。第二年，因家中缺钱，他只好务农，并忙里偷闲，阅读了大量中国历史和形形色色的奇异书籍。

　　洪秀全本想考取功名，光宗耀祖，村里的父老乡亲也都看好他，不料一连三次在广州院试中他都名落孙山。洪秀全在精神上受到沉重打击，大病了一场，在昏睡中仿佛梦见一位老人对他说："奉上天的旨意，命你到人间来斩妖除魔。"从此，洪秀全变得少言寡语，举止也有些异乎寻常。

　　1836 年，洪秀全在整理书籍时，无意中看到了一本名为《劝世良言》的书，翻开一读，不禁被深深地吸引住了。这是本信仰上帝、崇拜耶稣、通篇讲述基督教教义的书籍。由此他萌发了信奉上帝、追求人人平等的观念。

　　从此，他再也不参加科举考试了，他把身旁的孔孟书籍抛得远远的，改信了上帝。虽然他从未读过《圣经》，但是他见人就宣传他所理解的基督教义，并称这种信仰为神圣的"拜上帝会"。他曾说："如今朝廷腐败，人心叵测，天下面临大灾，只有信奉上帝，才能免遭劫难。"此后，洪秀全尊称上帝为天父，耶稣为天兄，认为自己就是耶稣的弟弟，来到人间替天行道。

1843 年春天，洪秀全和好友冯云山、洪仁玕在广东花县创立了"拜上帝会"。第二年春，他奔赴广西传教，呼吁民众按照基督教的教义建立"天下一家，共享太平"的新世界。洪秀全积极宣传教义，得到广大民众的响应，信徒与日俱增。随后，洪秀全回广东家乡从事宗教理论研究，冯云山仍留在广西，深入紫荆山地区，宣传教义并组织群众。

1847 年，洪秀全与冯云山在广西桂平建立了"拜上帝会"的组织机构。此后，在冯云山的协助下，吸收了杨秀清、萧朝贵、韦昌辉等骨干，制定了拜上帝会的规则和仪式。不久，就有两千多人踊跃入会。地方官府对此非常忌惮，开始对拜上帝会不断施压，双方矛盾日益加深。1850 年，洪秀全等人商议后决定反清，并要求众会员在下半年陆续前往金田聚集。

1851 年 1 月 11 日，三十八岁的义军首领洪秀全，与杨秀清、冯云山、萧朝贵、韦昌辉、石达开等组成领导核心，招集了两万余人聚集在广西金田村犀牛岭。洪秀全正式宣布起义，建号"太平天国"，自称天王，并宣布了五条军纪，一时群情激奋。两天后，全体将士蓄发易服，头裹红巾，从金田东山大湟江口，开始了轰轰烈烈、震撼中外的太平天国农民运动，成为全国规模最大的一支反对清王朝统治与抗击西方列强侵略的农民起义军。史称"金田起义"。

洪秀全发动金田起义后，清廷急派钦差大臣李星沅赴桂镇压，李星沅速遣广西提督向荣率万余名清军围攻太平军，妄图尽快扼杀掉太平天国运动。情急之下，洪秀全将身边拜上帝会的五个兄弟分别封王，各自带兵抵抗清军。他们是东王杨秀清、西王萧朝贵、南王冯云山、北王韦昌辉和翼王石达开。

1851年1月12日，洪秀全挥师占领了商业重镇江口。2月，向荣率清兵进攻江口时遭到伏击，随后改用围堵战术来阻止太平军东进。这时，洪秀全向全军提出"不贪生怕死，不贪安怕苦"的口号，号召将士们"精装从简，放胆诛妖"，誓与清军血战到底。1852年5月初，太平军在湘江渡口蓑衣渡战役中遭到清军伏击，损失惨重，南王冯云山不幸牺牲。

洪秀全失去了这一亲密战友，痛心不已。面对蓑衣渡一役太平军损失惨重的情况，杨秀清提出进军湘鄂、东取南京的战略计划，号召民众"肃清胡氛，同享太平之乐"。各地百姓纷纷响应，义军队伍不断壮大。势如破竹的太平军，连克湘南各州县。12月初攻克益阳后，迅速东进洞庭湖，占领了两湖重镇岳州，并在此组建水营。紧接着，太平军分水陆两路向湖北挺进。

1853年初，洪秀全率太平军攻克了武昌，紧接着与杨秀清统率的水陆大军会合，浩浩荡荡沿长江向东挺进。2月，太平军突破了清军在湖北老鼠峡的沿江防线，占领九江，又攻克了安庆，清廷巡抚蒋文庆当场毙命。

3月，太平军攻克了南京，清朝两江总督陆建瀛和江宁将军祥厚被斩首。洪秀全入城后改南京为天京，定为太平天国的首都，颁布《天朝田亩制度》。不久，又攻克了镇江、扬州。从此，汹涌澎湃的太平天国运动，席卷大江南北。此后的十四年中，太平军继续西征、北伐和东进，起义的烽火燃遍了大半个中国。

第二十一章 英法入侵

第一次鸦片战争后，西方列强相继侵入中国。英国政府认为《南京条约》签订的五个通商口岸远远满足不了大英帝国的胃口。十二年后，英国打算通过"修约"，得到更多的特权。修约的主要内容为：中国全境开放通商，鸦片贸易合法化，外国公使常驻北京等。

在几条修约的内容里，令清朝最头疼的就是"公使驻京、亲递国书"这一条。在唯我独尊的清朝统治者眼里，天下人觐见没有不跪之理，洋人更不例外。如今英国人亲递国书，竟敢不下跪、不磕头，成何体统？毕竟皇权之下的臣民磕了好几百年的头了，要是洋人不磕头，老百姓一旦仿效起来，那还不坏了祖上的规矩？为此，清廷要求洋人必须三跪九叩，来不得半点马虎。至于其他条款嘛，都好商量，唯独这一条，清政府坚持不改。

英国人不肯下跪，又一心惦记着修约，于是朝廷和地方大员开始上演了踢皮球的连环戏，清廷推托说："修约属外务范畴，应由两广总督处理，你们去广东办理吧。"英国人到了广东，总督大吏说："哎呀，修约条例举足轻重，要朝廷发话才行，卑职实在无权做主啊！"于是英国人被踢来踢去折腾了几年，直到被踢得恼羞成怒，便谋划准备动武。

在此期间，美国和法国也接踵而来，分别要求修约，以获得更大的特权，但均遭到清政府的拒绝。在多次交涉未果的情况下，英、美、法等殖民主义者决定发动一场新的侵华战争，以实现他们的目的。不久，英国率先找到了发动战争的"理由"。

1856 年 10 月，广东水师逮捕了窝藏在中国商船"亚罗号"上的几名海盗嫌疑犯，英国领事巴夏礼得知该船曾在香港注册，如今虽已过期，只因船长是爱尔兰人，就硬说这是英国船，要求水师立即放人，并向英方道歉，而水师偏不答应。为此，"亚罗号事件"成为英国蓄意挑起战争的借口。

不久，法国以传教士马赖神父被杀为借口，准备向中国宣战。随后，英法两国以"亚罗号事件"和"马神父事件"为由，联合出兵侵华，发起了第二次鸦片战争。1857 年 12 月，英法联军炮击广州城，次日广州失守，两广总督叶名琛被俘。

1858 年，英法舰队在美、俄两国支持下，袭击了天津的大沽口。大沽炮台失陷后，英法联军进入天津，并扬言要进攻北京。清政府吓得立刻派钦差大臣桂良等人与俄、美、英、法各国代表分别签订了《天津条约》，内容除了巨额赔款外，还允许外国公使进驻北京，增开汉口、九江、南京等十处为通商口岸，并设领事馆，外国传教士可入内地传教。

当时，咸丰帝生怕洋人打到北京城，赶紧派人到通州跟洋人继续谈判议和。可谈来谈去还是老话题，毫无结果。这时，咸丰帝觉得缓过点儿劲儿来，于是给前方谈判代表桂良鼓气："你就跟他们耗着，一条也别同意，大不了再跟洋人干一仗。"

当英国人发现谈判纯属徒劳时，索性不谈了，要求直接进京。咸丰帝心想："洋人实在无礼，皇城也敢随便闯？"于是跟谈判代表怡亲王说："英国人要是敢进京，就把这些谈判的洋人扣下来！"

谈判一直延续到 1860 年 9 月 18 日，英国谈判代表巴夏礼气急败坏地对怡亲王说："公使驻京，亲递国书，这一条我们是不会改的，你们看着办吧。"说完跃身上马，扬尘而去。

怡亲王看着嚣张的巴夏礼远去，气不打一处来，马上跟清将僧格林沁说："皇上有令，若谈判不成，洋人继续嚣张的话，就把他们都扣了！"僧格林沁一听正中下怀，马上以武力拘禁了英法谈判代表巴夏礼一行三十九人，并给他们定了个谋反的罪名。

一群人质攥在手里，咸丰帝终于扬眉吐气了一回。僧格林沁逮着巴夏礼后更是兴奋不已，强按着巴夏礼的脑袋，让他磕了几个响头。

1860 年 9 月，震惊中外的八里桥战役在通州打响，三万余清朝精锐骑兵，趁着英法联军群龙无首，打算一举歼灭敌人。清军面对英法联军的排炮毫不畏惧，冒着隆隆的炮火大呼杀敌，一批批倒下后，又一批批发起冲锋，从早上七点开始，奔腾的马蹄声与喊杀声循环往复。尽管勇猛异常的骑兵不畏牺牲，但血肉之躯终归抵挡不住侵略者的洋枪洋炮。

直到晌午，英法联军占领了八里桥，联军五死四十六伤，而清军尸横遍野，几乎全军覆没。兵器悬殊造成的惨烈战况，出乎联军兵将们的意料，他们在战后查看清兵军营时，才发现对手仍在使用古老的弓箭和盾牌，不禁叹息道："一个发明了火药的国家，竟然还在用弓箭作战。"

战后，法国远征军中尉保罗·德拉格朗热对清军骑兵不无感慨地描述道："炮弹和子弹无法彻底消灭他们，骑兵们似乎是从灰烬中重生。他们如此顽强，以至于一时间会拼命地冲到距大炮只有三十米远的地方。我们大炮持续和反复地排射，炮弹于他们的左右飞驰，他们在炮火中倒下了。"

不久，英法联军逼近京城，咸丰帝一面拒绝投降，一面带领家眷逃到了热河承德避暑山庄。1860 年 10 月 13 日，英法联军绕过北京城的东北郊直扑圆明园，僧格林沁和瑞麟带着一小股清兵在城北与英法联军对抗，一来兵器悬殊，二来寡不敌众，只得慌忙撤退。

联军一进圆明园，面对园内琳琅满目的奇珍异宝，一时竟看得出神，随后贪心大作，立即疯了似的抢夺园内一切能够带走的珍宝。当他们发现被清廷扣押的三十九名人质只剩下十九人活着时，联军总司令额尔金顿时勃然大怒，叫嚷道："必须要给清朝一个惨痛的教训！"

咸丰帝得知圆明园被抢劫后，心痛不已，立刻决定尽快和谈，结束这场战争。但狡猾的额尔金早已不屑于谈判，他在日记中写道："如果说要焚灭皇宫，烧毁紫禁城，这样做无疑会把清政府留守北京的最后一批官员给吓跑。如果他们都跑了，那么我们该找谁谈判呢？又该找谁交涉、签订条约呢？所以摆在我眼前争议最少的选择，就是烧毁那座皇帝最喜爱的圆明园。"随后，额尔金悍然下令火烧圆明园。

三千五百名英军冲入圆明园，大肆焚烧这座精美的园林，大火持续烧了三天三夜。这座举世无双的建筑杰作，以及劫后仅存的稀世珍宝，尽皆付之一炬。三天里北京城郊被圆明园大火的烟云笼罩着，长达几十里，久久不能散去。

法国著名作家雨果曾经为圆明园遭受的浩劫这样写道："有一天，两个强盗闯进了夏宫。一个强盗洗劫，另一个强盗放火。似乎得胜之后，便可以动手行窃了。若干年后，将受到历史制裁的这两个强盗，一个叫法兰西，另一个叫英吉利。"他毫不留情地谴责了英法联军火烧圆明园的野蛮行径。

从本质上讲，英法联军火烧圆明园，为的是彻底击垮清王朝的抵抗意志，迫使清廷立即投降，从而尽快实现侵华战争的目的，进一步打开中国市场，扩大在华利益。

事实证明，英法联军焚毁圆明园后，清政府立即丧失了抗敌的勇气和信心，马上屈辱投降，与英法签订了《北京条约》。条

约规定：增开天津为通商口岸，割让九龙半岛以南给英国，并对英、法赔款各增至八百万两白银。总之，满足了西方列强所提出的各项侵略要求。

据粗略统计，圆明园被掠夺的文物数量约有一百五十万件，上至中国先秦时期的青铜礼器，下至唐、宋、元、明、清各朝代的名人书画和各种奇珍异宝。同时，联军纵火造成的毁坏程度，令世人震惊。如今的圆明园遗址公园开放，就是为了让后世的人们永远记住这段屈辱的历史。

第二十二章

太平天国

正当清政府被西方列强打得一败涂地，太平天国运动在全国风起云涌时，农民起义军内部却发生了一场惊天内讧，从而大大削弱了太平军的实力。

太平天国定都天京后，天王洪秀全退居幕后，军政大权落在了东王杨秀清手上。洪秀全主张把四书五经列为禁书，但杨秀清凭借自己是"天父下凡"的身价，想压一压天王的权威，于是根本就不同意，洪秀全只好让步。此后，二人的矛盾日益加深，而韦昌辉对杨秀清主管国事心里一直不服气，虽然表面上毕恭毕敬，背后却暗藏杀机。

1856 年 8 月，居功自傲的杨秀清，逼着洪秀全封他为"万岁"，洪秀全怒不可遏，眼看自己的天王位置要被架空，于是密召北王韦昌辉和燕王秦日纲回京相救。9月初，韦、秦二人受天王之命，连夜带兵入城，将毫无准备的杨秀清和家人及其属下两万余人，统统诛杀殆尽，一时血流成河，史称"天京事变"。

石达开闻讯回到天京，严厉斥责韦昌辉滥杀无辜，两人争得脸红脖子粗，末了不欢而散。事后韦昌辉憋了一肚子邪火，把石达开对他的斥责，看成是对东王杨秀清的偏袒，于是杀红了眼的韦昌辉，就想加害石达开。孤身一人的石达开听到消息，只好连夜出逃，不料全家老少仍被韦、秦手下杀尽。

逃出天京后的石达开，悲愤交加，在安徽起兵，上书天王，请杀北王以平民愤，并领兵四万奔赴天京。天王见全体军民都支持石达开，为了平息众怒，只好下令将韦昌辉处死。为了进一步稳定军心，天王又将杀人如麻的秦日纲调回天京，处以极刑。天王见能征善战的石达开被军民尊为"翼王"，就让他主持军政事务。

咸丰七年（1857年），石达开主政还不到一年，天王见他深得人心，十分忌惮，为了达到牵制他的目的，于同年5月，接连将自己的两个哥哥封王。这一举动引起了石达开的强烈不满，为了避免再次爆发内讧，石达开不得已于当月带领数万将士脱离天朝，前往安庆，准备率部单独开展反清斗争。于是天京形成了"国中无人，朝中无将"的局面。

经此"内讧"，再加翼王出走，太平天国的力量受到了极大削弱，尽管洪秀全仍以天王自居，却早已人心涣散。随着武汉、九江相继失守，很快丢失了湖北、江西大部分的根据地，导致形势不断恶化。从此，太平天国走向了下坡路。

此前，有六十多万号称绿营兵的大清正规军，在太平军猛烈的冲击下损失惨重，清廷不得不起用内阁学士、礼部侍郎曾国藩，任命他为帮办团练大臣。为了对付太平天国，曾国藩在老家湖南组建起一支具有正规军规模的地主武装团练，名为湘军。借此机会，曾国藩截留了大量的赋税和饷银，用来购入一千多门洋炮，三百余艘战船。在短短的一年里，湘军的水陆两军兵力已达一万七千余人。这支由湖南人组成的湘军，后来成为太平军最主要的劲敌。而随着"天京事变"的发生，曾经多次被太平军打败的湘军得到了喘息和扩军的机会，双方的力量由此发生了逆转。

1860 年 6 月，正当太平军进攻上海时，时任两江总督、钦差大臣的曾国藩，同湖北巡抚胡林翼率湘军水陆师五万余人，东下围攻安庆。情势紧迫，洪秀全马上调集大军西上救援。同时，太平军将领陈玉成率军奔赴江北，李秀成率军开往江南，二人相互约定于次年 4 月"合取"湖北，迫使湘军主力回救，以解安庆之围。

1861 年 3 月，陈玉成率部占领了湖北黄州，由于受到英国侵略军阻挠，只好停攻武汉，于 4 月下旬返回安徽。李秀成得知计划有变，相继返回了浙江。这一来，原定的"合取"计划泡了汤。此后，洪秀全再次增调兵力，三次强攻围困安庆的湘军，却始终未能解围。9 月，安庆终于被湘军攻陷。

1862 年初，李秀成率部再次进军上海，遭到英法联军与清军的抵抗而受阻。4 月间，江苏巡抚李鸿章率淮军六千五百人自安庆抵达上海，致使东线军情日趋严峻。5 月，面对荆州清将多隆阿的强攻，陈玉成只得弃城退往寿州，不料被当地武装首领苗沛霖诱擒，解送清营后英勇就义。此后天京西部太平军的防线被清军攻破。

另一方，湘军主将曾国荃（曾国藩的弟弟）率水陆师两万余人从安庆沿江东下，1862 年 5 月底直达天京城郊。洪秀全急令在上海前线督战的李秀成火速救援。9 月，李秀成率十余万人自苏州等地前往驰援，一连急攻四十多天，却难以取胜。紧接着洪秀全想调虎离山，责令李秀成率部"进北救南"，打算取道江北以西，再入湖北，迫使围城湘军回救。不料李秀成部在西进途中遭到湘军阻击，进至安徽六安时再遇强敌，只好被迫返回，途中又遭湘军拦截，来回这么一折腾，损失了数万太平军。

1863 年 6 月，石达开在四川大渡河畔遭遇清军，由于孤军作战，寡不敌众，最后全军覆没，石达开被俘。6 月 25 日，石达开于成都英勇就义，年仅三十二岁。

随后，清军开始大肆围剿太平军，李鸿章麾下的淮军由上海西进，于 1863 年 12 月攻陷苏州、无锡，直逼常州。同时，浙江巡抚左宗棠率部从江西攻入浙江，于 1864 年 3 月攻陷杭州，基本占领了浙江全省。紧接着曾国荃率湘军逐一攻陷了天京城外的各个据点，对天京形成了合围态势。苏州陷落后，李秀成从前线急返天京，建议洪秀全弃城突围，转战中原，但被洪秀全拒绝，执意死守天京。

1864 年 6 月 1 日，五十一岁的洪秀全病逝。7 月 19 日，湘军用火炮猛轰天京太平门，十余丈城墙顷刻被轰塌，湘军乘机蜂拥而入。守城的太平军进行了顽强的抵抗，或血拼战死，或投火自

焚，无一人投降。天京的陷落，标志着太平天国农民起义的失败，而分散在大江南北各个战场上的数十万太平军，仍在浴血奋战，继续顽强地抗击清朝统治者与西方侵略者的围剿。

从金田起义开始，轰轰烈烈持续了十四年之久的太平天国运动，由于内部争权夺利而分崩离析，最终导致了覆灭。但它激励了饱受压迫的华夏民族勇于奋起的反抗精神，在中国近代史上起到了火车头的拉动作用，强烈地震慑了清王朝的腐败统治，并加速了它的灭亡。

太平天国颁布的《天朝田亩制度》，从顺应广大农民的愿望出发，废除了地主土地所有制，采取"着佃交粮"、向农民颁发田凭的政策，收到了"耕者有其田"的效果。为此，江南地区自耕农普遍增加，成为活跃商品经济的有利条件。

由于太平天国运动强烈地冲击了地主土地所有制，地主阶级反而"视田业为畏途"，纷纷把一些资金转投到工商业，成为民族资本的一方来源，从而促进了近代工业发展中民族资本的兴起。

此外，太平天国重创了清朝的八旗和绿营的有生力量，清政府只得依靠汉族地主曾国藩的湘军和李鸿章麾下的淮军支撑，以此来维持苟延残喘的清廷统治。失去清军主力的朝廷，眼睁睁地看着全国兵权、财权分别掌控在曾、李的湘、淮派系手中，形成晚清统治者权力缺失、各省总督巡抚专权的局面。

1852年，十七岁的叶赫那拉氏在外八旗选秀中被纳入宫中。不久，咸丰帝在紫禁城内散步时瞧见了她，还没聊上几句话，就已经喜欢得不行了，当场封她为"兰贵人"。皇上怎会知道，正是这位年少而颇有心计的兰贵人事先贿赂了太监，才会巧设这场相遇。同年五月初九，这位满洲镶蓝旗的女子，被北京锡拉胡同十九号四合院的本家送入圆明园，住进了储秀宫内的丽景轩。

两年后，十九岁的兰贵人出落得让皇上更加着迷，咸丰帝觉得"懿"（满文意思为"端庄"和"文雅"）字很符合兰贵人的气质，于是诏封她为懿嫔。咸丰六年（1856年），二十一岁的懿嫔为咸丰帝生下了独生子载淳，即后来的同治皇帝。这下咸丰帝不但对懿嫔本人大加赏赐，还御赐她娘家房舍宅院，接着又把懿嫔的身价提了一下，于次年晋封为懿贵妃。

青云直上的懿贵妃，在母以子贵的后宫里，除了与皇后钮祜禄氏还有个高下之分，早已把与她同时入宫的佳丽们甩得远远的。由于颇受皇帝的娇宠，地位显赫的懿贵妃很快变得骄横跋扈起来。

与此同时，内忧外患的清王朝，北有英法联军入侵北京、南有太平天国反清运动，这双重压力使得体弱多病的咸丰帝感到心力交瘁。他见懿贵妃很有些文才，不但会读写汉文，书法也还不错，于是经常以口授的形式，让她代笔批阅奏章。

起初，只是例行公事让她批复一些简单的折子，时间一长，贵妃娘娘做得顺手，就开始发表自己的意见，咸丰帝听着挺顺耳，一句"准奏"，就再也不想自己动笔批奏折了，索性连军机处呈上的机密折子也让懿贵妃批阅。末了，自己稍加矫正，口拟谕旨，再由娘娘誊写一遍，这御批的圣旨就算完成了。

虽说懿贵妃的举动早已违背了后宫与宦官不得干政的大清戒律，可咸丰帝认为，这没什么大不了的，自己舒坦了才是正经事。至于贵妃嘛，只不过抄抄写写，替他承接批奏的负担，实在算不得干政！再说，这皇权不是还攥在他的手里吗？

懿贵妃原本喜好读书，对书法、绘画都有浓厚兴趣，无论是颜柳欧赵的书法，还是花鸟鱼虫的绘画，大致略通一二。但她对国家军政要事却一无所知，初看这些机要奏折时，懿贵妃的心都快跳出来了，不由得屏住呼吸反复阅读，由于皇帝常在身边讲解示范、口传心授，倒也长了不少见识，粗略懂得了一些帝王之道。

渐渐地，她迷上了那种"一朝权在手，便把令来行"的至高无上、主宰万民的感受。

通过批复大小奏折，懿贵妃的野心逐渐膨胀，梦想着有朝一日要是被赐封皇后，将会拥有更大的权力。大臣们眼睁睁地看着皇上大撒手，由着贵妃娘娘干扰朝政，纷纷摇头叹气，打心眼儿里厌恶透了。

1860年，英法联军在第二次鸦片战争中攻破大沽口，占领了天津。随后在通州八里桥击溃了三万余清军精锐，京师危在旦夕。9月22日，咸丰帝携懿贵妃以及上千宫眷逃往热河避难，留下恭亲王奕䜣（xīn）在京师与联军议和。随着中英、中法、中俄《北京条约》等一系列丧权辱国条约的签订，第二次鸦片战争的硝烟才逐渐散去。

躲在热河避难的咸丰帝，心急如焚，病入膏肓。临终前，他发布遗诏，立年仅五岁的独子载淳继承皇位，即清穆宗。由于康熙初年曾出现辅政大臣鳌拜专权的先例，于是咸丰帝将"御赏""同道堂"两方玺印，分别赐予钮祜禄氏皇后和太子载淳。因为太子年幼，"同道堂"玺交由生母懿贵妃代管。

为了防止皇权旁落，咸丰帝又任命怡亲王载垣、郑亲王端华、户部尚书肃顺等八人为"赞襄政务王大臣"，共同辅佐幼君，人称"顾命八大臣"。按照遗诏，所有辅政大臣所拟的皇帝圣旨，必须加盖这两方印章才能生效。由此一来，皇后、懿贵妃以及顾命八大臣，将共同辅佐载淳，以此互相牵制，避免专权。

1861年8月，年仅三十岁的咸丰帝在热河驾崩，皇后当天被尊为慈安皇太后，称东太后；次日，懿贵妃被尊为慈禧皇太后，又称西太后；定年号为"祺祥"。

自从咸丰帝死后，热衷于皇权的慈禧太后，与八大臣产生了严重分歧，她怀恨在心，再也不想受制于这些人。此时，曾被排挤出清廷权力中心的恭亲王奕䜣，在与西方侵略者达成议和后，赴热河为咸丰帝奔丧。

慈禧太后立即召奕䜣密谈，开门见山地说："八大臣甚嚣尘上，远非你我眼中的一群文弱书生。当初他们一味上奏参你，本宫也只好让你暂且回避；如今看来，拿下他们势在必行，只是不知洋人那里会怎么看？"

奕䜣终于等到了报复八大臣的这一天，立刻信誓旦旦地说："请太后放心，八大臣历来与洋人不和，洋人肯定会站在我们这边。"慈禧太后心里终于踏实了，当下对奕䜣封官许愿："那就好，大清国正缺少个能干的议政王，我看非你莫属了！"二人密谋后，决定发动一次政变，以实现"垂帘听政"的朝政体制。

在慈禧的鼓动下，慈安太后心想，朝廷有什么大小事，西太后都愿意担着，自己乐得轻松自在，于是欣然同意。9月，山东道监察御史董元醇按计划奏请两宫皇太后听政，两宫太后即召八大臣入议，不料八大臣以"本朝未有皇太后垂帘"为由拒绝出席。这下可把慈禧太后惹怒了，恨不得立刻杀了这帮大臣。

在奕䜣的全力运作下，慈禧太后取得了侍郎胜保、大学士贾桢等多人的支持。1861年10月，慈禧太后命八大臣护送清文宗的灵柩回京师，自己与慈安太后、小皇帝抄近道提前抵达了京师。

随后，慈禧太后来了个先发制人，设下埋伏逮捕了八大臣。

第二天上朝，慈禧太后立即发布了事先拟好的圣旨，不但否认了咸丰帝的遗诏，还斥责八大臣伪造遗书，大逆不道。在公布的诸多罪状中，有一条特意提到八大臣"不能尽心和议"，以此表明政变立场，来讨好西方侵略者。随后，判处载垣、端华自裁，肃顺斩立决，其余五大臣被革职后流放新疆，接着封奕䜣为议政王。这场宫廷政变，史称"辛酉政变"或"北京政变"。

一夜之间，八大臣的势力被彻底铲除，由他们拟定的年号"祺祥"也被废除。年仅五岁的清穆宗在太和殿登基，颁诏天下，以次年（1862年）为"同治"元年，表示太后与皇帝共同治理国家。此后，嫡母慈安太后、生母慈禧太后在养心殿正式垂帘听政，史称"两宫听政"。

两宫听政以来，在议政王奕䜣的周旋下，清廷开始整顿吏治，重用曾国藩、左宗棠、李鸿章等汉臣，在西方列强的支持下，这些以汉族地主武装起家的汉臣先后镇压了太平天国和捻军，以及苗民、回民起义，从而缓解了清廷的统治危机，得到了当时权贵们的支持。

此后，慈禧太后为了巩固她的独裁统治，继续施展权谋，将议政王奕䜣的权力逐渐削弱。不久，四十四岁的东太后突然暴毙，有恃无恐的慈禧太后开始全面把控清廷大权，独揽朝政长达四十七年之久。在此期间，饱受列强凌辱的清王朝，民生凋敝，风雨飘摇，逐渐走向了衰亡。

1861 年，咸丰帝去世的时候，他儿子爱新觉罗·载淳才五岁，在没有任何竞争对手的情况下，这个先帝的独子轻松当上了大清的第十代皇帝。虽然贵为皇帝，但在他母亲慈禧太后的眼里，儿子不过是用来接近权力的一个木偶罢了。

慈安太后没有儿子，对待同治帝如同己出，以至这个小皇帝跟亲妈慈禧太后没有多少感情，反而跟慈安太后什么都念叨。宫里头都觉得他们才像是亲娘儿俩，母慈子孝，是那么回事。由于慈禧太后一心惦记着垂帘听政，儿子载淳在精神上受尽压抑和痛苦，身不由己地苟活在他母亲的阴影里，沦为一个名副其实的傀儡皇帝。

辛酉政变之后，两宫太后改年号为"同治"。

同治帝在位期间，清廷开始兴办洋务新政，为清朝赢来了一个相对稳定的时期，史称"同治中兴"。刚满六岁的载淳（同治帝），在两宫太后的安排下，每天都要向宫里的几位老学究学习汉文和满文。

太后们找来了惠亲王绵愉来专门管理小皇帝的学习和生活。绵愉是嘉庆帝的第五子，皇室中最老的长辈，论辈分是同治帝的叔爷爷，他的两个儿子奕祥和奕询，也被安排进宫，作为同治帝的伴读叔叔，以此监督小皇帝认真读书。

载淳打小就贪玩儿惯了，面对这些老气横秋、整日教习他满汉文章的老夫子，哪儿有心思读书呢，每天除了硬着头皮诵读枯燥的经书外，还要在两宫皇太后的眼皮子底下上早朝，听那些艰涩难懂、死气沉沉的奏折。这日子对小皇帝来说，实在是没劲透了。就这么稀里糊涂地过去了好几年，转眼工夫小皇帝已经十四岁了，到了亲政的年龄，谁知慈禧太后并不肯把权力交给儿子。

1873 年正月，由于慈安太后的建议以及大臣们的奏疏进谏，十八岁的同治帝总算在名义上脱离了慈禧太后的钳制，开始亲政。慈安太后终于觉得自己可以收手了，从此不再过问朝政；可是对垂帘听政上了瘾的慈禧太后，只要是朝廷上的事，不管一管就浑身不自在，终日想方设法控制同治帝，使他无法摆脱来自太后的干预。天长日久，同治帝打心眼里烦透了这个亲娘，可是敢怒不敢言，表面上还得装作顺从的样子。为了让老娘放心，他自诏"恪遵慈训"以表孝心，意思是要遵守圣母的懿旨。

看到儿子的自诏书，慈禧太后心里美滋滋的，踏实了不少，

于是暂时退居后宫。深居后宫的慈禧太后，没几天就感到闲得发慌，她想起曾在圆明园享受过富丽堂皇的生活，就立刻找来同治帝，向他建议要重建圆明园，并当场下了重修的懿旨。

同治帝心想，一旦修复了圆明园，慈禧太后就可以住得离紫禁城远点儿，省得给自己添堵，这岂不是耳不听为清，眼不见为净嘛？于是立刻表示赞同。可他没想到的是，重建的巨额经费从哪儿来呢？

朝廷在跟西方列强的战争中一再赔款，早已国库空虚。况且圆明园又被英法联军烧毁得十分严重，修复工程耗资巨大，对原本就水深火热的百姓来说，更是雪上加霜。为此，当同治帝宣布要重修圆明园的诏令时，遭到了朝廷众多大臣的反对。

作为皇帝的叔叔，恭亲王奕䜣头一个苦口婆心地奉劝同治帝："如今大清正值内忧外患，所有的银两都花在了军事设防上，国库里实在没有闲钱去修建园子啊。"

同治帝听了勃然大怒，斥道："国库里没钱，难道你们这些大臣就不能捐一些出来吗？"

大臣们听了一愣，没等缓过神儿来，一旁的太监就发布了皇帝的谕旨："皇帝诏曰：兴修圆明园，为两宫太后居住和皇帝听政之所，今令王公以下京内外大小官员量力捐修。钦此。"

大臣们谁都不情愿掏腰包，但又怕抗旨丢了乌纱帽，只好各自掂量着捐些钱来修园子。就这么小打小闹地修了几个月，很快又没钱了，于是恭亲王奕䜣和大学士文祥等十人联衔疏奏，要求停止修建工程。

奕訢再次劝阻同治帝，说："启奏圣上，众臣已捐到了囊中羞涩的地步。如今国难当头，百废待兴，老臣斗胆代众臣苦言进谏，还是停了修建工程吧。"

皇上没好气地说："说得轻巧，这可是太后懿旨，能说停就停吗？要不你来做这个皇帝吧！"说完当场就革掉了奕訢的爵位。不怕事儿大的皇帝，终于可以随心所欲地裁员，感到从未有过的畅快。次日上朝，为了重振皇威，一下子又革去了其他几个建议停工的大臣官职。

这些朝廷栋梁一夜之间被同时革职，清廷转眼就形同虚设。东太后闻讯，不禁暗暗为同治帝捏把汗。慈禧见事情闹大了，不禁心中暗喜，觉得自己出山的时机到了。

心念已定的慈禧太后，拿出母仪天下的架势，见了同治帝，就开门见山地数落起来："做事可不能随心所欲呀，没钱修园子就再想办法嘛，哪能说革就革了人家？大清朝还指着他们干事儿呢。再说这些个先帝的老臣，没有功劳也还有苦劳吧？唉，看来你还不具备管理朝政的能力啊！"说完，她微微摇了摇头。

同治帝这会儿才知自己犯了大错，心中惶恐不已。慈禧见儿子两眼发呆，又改成一种关切的口气："好在你还年轻，不妨卸下包袱继续读书吧。"同治帝一听要他继续读书，立刻感到一阵眩晕，禁不住乱点头，眼睛也跟着眨来眨去，末了跟做了贼似的，冷不丁抽身退了出去。

同治帝在位十三年，虚坐了十二年的龙椅，如今好不容易熬到亲政了，想借着懿旨干一番修园子的大事，做一回像样的皇帝，以摆脱傀儡的阴影，偏偏事与愿违，刚刚到手的皇权，稀里糊涂地又被他亲娘给夺走了。懊恼不已的同治帝，从此一蹶不振。

没多久，同治帝就染上了病，几个月后，就驾崩了，死的时候只有十九岁。

第二十五章

收复新疆

1864 年，正当清政府内忧外患之时，在新疆天山南北发生了暴乱，随后在当地先后形成了伊犁、库车、乌鲁木齐、喀什噶尔（今喀什）、和田等割据政权。1865 年 1 月，盘踞在中亚的浩罕汗国派该国军官阿古柏率兵侵入了南疆。1867 年，阿古柏逐一吞并了其他几个割据政权，建立了"哲德沙尔汗"政权，自立为汗。1870 年，阿古柏又侵入北疆，占领了乌鲁木齐和吐鲁番等地，对新疆各族人民实行野蛮掠夺和残暴统治。

在此期间，野心勃勃的沙俄早已对新疆垂涎三尺，趁着清朝内忧外患之际，于 1864 年 10 月逼迫清政府签署了不平等的《中俄勘分西北界约记》条约，割占了中国西北四十四万多平方千米的领土。到了 1871 年，沙俄担心阿古柏抢了其觊觎已久的地盘，趁机出兵占领了伊犁，并假惺惺地对清廷表示："等待关内肃清，乌鲁木齐、玛纳斯各城克复之后，即当交还。"沙俄料定清廷收复不了新疆，归还伊犁不过是掩人耳目的一句空话。

1874 年，日本悍然攻打台湾。在这种前遇狼后有虎的窘况下，清廷内部在"海防"还是"塞防"的问题上，展开了激烈的辩论。

主张海防的直隶总督李鸿章上奏说："不收复新疆，无伤于肢体元气；海疆不防，则酿成心腹大患。"

而左宗棠坚决反对放弃新疆，他明确表示："东则海防，西则塞防，二者并重。"接着又强调，"新疆边塞，寸土不能让！若将西北边关兵力撤回，将令敌军更加放肆，倘任其发展，我大清土地就会被外国列强蚕食掉。"

1875 年春，左宗棠被任命为钦差大臣，督办新疆军务。上任后的左宗棠提出了"缓进急战""先北后南"的战略方针，即做好充分的准备方可出兵；一旦出兵，就要速战速决，以先收复北疆，再收复南疆为作战宗旨。为此，左宗棠用了一年半的时间筹措军饷，秣马厉兵，囤积粮草，减少冗员，以此增强军队的战斗力。慈禧太后虽然支持左宗棠收复新疆，但在粮饷上却爱莫能助，户部只拨了二百万两银子，这对西征大军来说无异于杯水车薪，左宗棠只能自己想办法去解决军饷。

正当左宗棠一筹莫展时，富商胡雪岩给予了他大力支持，借给他上千万两白银。有了这笔巨款，左宗棠终于有了作战的底气，为了备战，他又分别向洋商和华商借了一千多万两白银，几番筹措后，庞大的军费总算有了着落。

1876 年 4 月，清军在肃州（今甘肃省酒泉市）召开了誓师大会，一番动员令下达后，六十四岁的左宗棠挂帅出征，踏上了收复新疆的征程。此时，他已经做好了马革裹尸、以身报国的准备，并为自己准备了一口棺材由马车拉着与大军同行，广大将士见了深受感动。

同年 7 月，左宗棠麾下的刘锦棠率部与阿古柏在古牧地（今新疆乌鲁木齐米东区）发生激战，成为清军收复乌鲁木齐战役的第一仗。经过这场大决战，清军最终以少胜多，顺利占领了古牧地。

1877 年 4 月，清军兵分三路进军南疆，半个月内接连攻克了达坂、托克逊、吐鲁番三城，至此，通往南疆的门户洞开。走投无路的阿古柏眼见末日来临，绝望中服毒自杀。10 月，清军先后收复了南疆东四城和西四城，阿古柏的儿子伯克·胡里连连败退，末了率残部逃到俄国境内。

1878 年初，清军乘胜收复了和田，此时，除了伊犁外的所有北疆地区均已被清军成功收复。

1878 年底，清政府派崇厚作为出使俄国大臣，谈判归还伊犁问题。沙皇政府软硬兼施，迫使胆小平庸的崇厚签订了屈辱的《中俄伊犁条约》，条约以中国丧失伊犁以南和以西的大片领土、赔款五百万卢布，以及允许俄国经新疆到天津、汉口和西安陆路通商作为代价，换回被俄国三面包围的伊犁九城。消息传到国内，激起了全国民众的无比愤怒。

这时，主和派又乘机跳了出来，以李鸿章为代表的大臣主张妥协，打算接受这一条约；而以左宗棠为代表的主战派不但痛斥崇厚的卖国行径，而且坚决要求修改崇厚擅自与俄国签订的条约。

左宗棠明确指出，《中俄伊犁条约》未经清廷批准，应视为无效而推翻。同时他积极备战，做好了一旦谈判不成，即将同俄国开战的准备。

迫于民众舆论和主战派的强烈呼声，清廷不得不拒绝批准《中俄伊犁条约》，并将崇厚交刑部治罪，判为斩监候。1880 年 2 月，清廷改派曾国藩的大儿子、驻英法大使曾纪泽为驻俄公使，前往圣彼得堡重新订约。

1880 年 4 月，左宗棠兵分三路，派飞将军刘锦棠率步兵骑兵上万人从乌什出发；名将张曜所部七千人从阿克苏分两路直插伊犁；金顺将军所部万余人扼守晶河（今新疆精河）。为防备俄军向东进犯乌鲁木齐，六十八岁的左宗棠坚定地表示："衰年报国，心力交瘁，还有什么可顾及的呢？"为赶走俄国人，他已经完全豁出去了。

同年 5 月底，左宗棠冒着酷热，带病再次从肃州舆榇（yú chèn，指载棺以行）出关，越过千里戈壁，于 6 月抵达哈密，当即安营扎寨，誓与沙俄决一死战。沙俄的如意算盘眼看就要落空，立刻从东北和西北增兵伊犁，又从东面调遣军舰，以威胁清政府。仗还没打呢，清廷就慌了手脚，此时主战派大臣文祥已去世，主和派一时占了上风，李鸿章乘机请来英国人从中游说，于是清廷倒向主和派，在 8 月中旬匆匆下旨调左宗棠回京。

身在哈密的左宗棠正忙于备战，对清廷的迂腐行径全然不知。

他所掌握的情报显示,俄国前一年闹灾荒,又刚刚结束与奥斯曼土耳其帝国的战争,国内经济萧条,又怎能全力对付得了中国呢?他认为"俄船东下,遍历海疆,勾结倭奴,封锁辽海,只不过是虚张声势来胁迫朝廷与其求和的诡计"。为此,他在给总理衙门的信中胸有成竹地写道:"察看情形,倘若决战,定可胜出。"

8月29日,左宗棠接到清廷调他回京"以备顾问"的诏书,壮志未酬的他感到十分苦闷,不由得在给家里的信中倾诉:"沙俄企图由海路进犯,朝廷诸公却不能忧国忧民,心系社稷,反而助长敌人士气,灭自己威风,不禁为世事无常而感慨。本次回京,实属不得已。"

临行前,左宗棠将督办新疆军务的重任托付给了刘锦棠,提出"谈判在先,决战在后"的策略,坚持以武力作为谈判的基石。在积极备战的形势下,1880年8月,曾纪泽如期抵达圣彼得堡,开始与俄方谈判。

1881年2月24日,即左宗棠到达北京的前三天,双方在圣彼得堡签订了《中俄改订条约》,推翻了1879年由崇厚擅自签订的《中俄伊犁条约》。根据条约及其子约,沙俄同意归还《中俄伊犁条约》划走的特克斯河谷流域两万多平方千米的土地和通往南疆的穆扎尔山口,中国如期收回伊犁九城,但俄国仍占有霍尔果斯河以西七万多平方千米的土地,赔款增加了四百万卢布。该约还保留了原条约其他许多不利于中国的规定,因此仍然是一个不平等的条约。

1882年,沙俄正式交还伊犁,时任两江总督的左宗棠,为了从新疆长远的发展考虑，多次向清廷进谏，提出应不失时机地在新疆建省设县，这样才能顺应民心，使各地从百废待兴中恢复元气。

在左宗棠的不断谏言下，1884 年 11 月 17 日，清廷昭告新疆省正式建立。此举成为清政府对历朝以来治理新疆的一次重大改革。

收回伊犁不久，1883 年 12 月至 1885 年 4 月间，爆发了一场中法战争。此次战争因法国率先侵略越南引起，之后法国以越南为基地，悍然对中国边境发动进攻。

中国与越南山水相依，自古以来交往密切，从 19 世纪下半叶起，法国为了扩大殖民地，不断侵略越南南部。通过两次《西贡条约》的签订，迫使越南逐渐沦为法国的殖民地。

1882 年 3 月，越南发生政变，法国命上校李维业带兵两千人出兵越南。1883 年 3 月，法军攻占了河内及军事要塞南定，并派遣部队危及中国边境。清廷迫于形势危急，开始派兵在云南、广西布防抵御，战事一触即发。此时，直隶总督李鸿章却下令"衅端不可自我而开",强调清军不准主动进攻。

这一来,云南、广西的清军将士们无法先发制人,眼看要错过战机,他们想到了身在越南的中国人刘永福。在太平天国时期,刘永福曾是广东、广西边境的一支农民起义军首领,以七星黑旗为军旗,故称黑旗军。1867年太平军失败后,因情势所困,刘永福转入越南保胜(今越南老街省),继续发展队伍扩充力量。1873年,刘永福应越南国王阮福时的邀请率黑旗军抗法,击毙了法军头目安邺,被越王封为兴化保胜防御使。

1883年3月,清廷吏部主事唐景崧请缨入越,在越南山西会晤了刘永福,唐景崧希望他不计前嫌,重振旗鼓,率领黑旗军"抗法援越"。

在唐景崧的大力支持和鼓舞下,1883年5月19日,刘永福再次祭旗出征,带领三千黑旗军南下,在河内怀德府纸桥郡与法军短兵相接,在此决战中大败法军,李维业及副司令卢眉当场毙命,三十多名军官和二百余名士兵被击毙,遭到重创的法军没想到会损兵折将,只得被迫退守河内。

恼羞成怒的法国政府随即宣布要"为她光荣的孩子复仇",立即拨给驻扎在北越的法军三百五十万法郎,掀起了全面的侵越战争,除了增援陆军,还成立了北越舰队。同年8月,来势汹汹的法军一面进攻在北越的黑旗军,一面将军舰开进越南中部,直逼越南都城顺化。

越南迫于压力,于8月25日,委曲求全地与法国签订了《顺化条约》,承认法国对越南的所谓"保护权",而实际上已沦为法国的殖民地。法国想实现长久对越南殖民统治的目的，认为中国是法国全面占有越南的一大障碍，于是千方百计地禁绝越南与中国的一切关系，并要求黑旗军及所有抗法清军撤离越南。

1883 年 9 月 15 日，法国侵略者为了在越南站稳脚跟，向清朝提出了两项建议：其一，划出一块狭小的中立区，作为中国军队撤出越南的临时立足点，并承认法国对越南全境实行殖民统治；其二，向法国开放云南的蛮耗（今云南省个旧市）为商埠，以此打开云南门户。

以左宗棠、曾纪泽、张之洞为代表的主战派，断然否决了法方的无理要求，并一致呼吁朝廷采取抗法方略，而掌握军政实权的李鸿章却一味高唱主和的调子，结果举棋不定的慈禧太后一面派军队出关援越，一面按李鸿章的路子老调重弹，令清军不得主动向法军出击。清廷这种相互矛盾的荒唐举措，同样反映在外交上：一面抗议法国侵略越南，一面又企盼通过第三国的调停与谈判达成妥协。法国看清了清廷懦弱无能的面目，有恃无恐地开始了侵略部署。

1883 年，法军北越统帅孤拔决定向中国进行军事扩张。12 月中旬，法军向驻扎在越南北圻的中国军队发起进攻，由此爆发了中法战争。战争分为两个阶段：第一阶段从 1883 年 12 月到 1884 年 5 月，战争局限在越南北部的红河三角洲；第二阶段从 1884 年 8 月到 1885 年 4 月，战争在中国和越南两个战场进行。

1883 年 12 月上旬，法国侵略者先放出"和谈"烟幕，然后由孤拔统率六千余法军，于当月 14 日对防守在越南山西的清军和黑旗军发动了突然袭击。守护红河南岸山西城的黑旗军和七个营的桂军、滇军，面对装备精良、突袭而来的法军，被迫迎战三天，结果伤亡惨重，山西失守。中法战争爆发不到五个月，法军就侵占了红河三角洲。

1884年5月，清政府为了求和，派北洋大臣李鸿章与法国代表福禄诺在天津签订了屈辱的《中法会议简明条款》，即承认法国对越南的保护权。而法国侵略者并不肯罢休，再次挑起战争。

同年8月，时任远东舰队司令的孤拔发动突然袭击，击毁了台湾的基隆炮台和停泊在马尾军港的福建水师舰船，击沉九艘中国军舰，十三艘船只，清军阵亡近八百人。

面对法军猖狂的侵略行径，左宗棠、张之洞、曾纪泽等坚决主张抗战，而李鸿章为首的主和派仍然主张妥协。与此同时，全国人民义愤填膺，反抗的呼声响彻大江南北。远在甘肃的爱国将士强烈要求开赴前线为国杀敌。香港工人为此举行了大罢工，他们不顾英国殖民者的威胁迫害，一概拒绝维修法国军舰。在举国反抗侵略的浩大声势下，清廷于1884年8月26日，被迫对法宣战。

1885年年初，法舰又来侵扰浙江镇海一带。在浙江提督欧阳利见的指挥下，镇守招宝山炮台的中国军民迎头痛击法舰，取得了镇海保卫战的胜利。

同年2月，在中越边界战场上，黑旗军和清军同法军进行了多次交战，逐渐失利的法军狗急跳墙，转而占领了镇南关（今广西友谊关）。此时由两广总督张之洞举荐的老将军冯子材义愤填膺，再度出山，在他身先士卒的激励下，刘永福的黑旗军与清军密切

配合，大败法军，取得了镇南关大捷，随后乘胜追击，一举收复了文渊城和谅山。与此同时，奔赴西路的黑旗军再接再厉，取得了临洮战役的胜利。

这时，整个北越已进入全线反击阶段，受到重创的法军已明显处于劣势，法国上下一片哗然，惊骇不已，茹费理内阁因战败而倒台。就在中方充分掌握战争主动权的形势下，懦弱的清政府却依循老牌投降派李鸿章提出的"乘胜即收"的主张，居然向战败的法国乞降求和。

4月4日，清政府与法国签订了《停战条件》。6月，李鸿章代表清廷与法国驻华公使巴德诺签署了"将越南让与法国和开放云南口岸"的不平等条约，即《中法新约》十款，成为清廷卖国的又一铁证。为此，法国政府感到十分意外。一时舆论大哗，各报纷纷转载时下的评论："中法战争，法国不胜而胜，中国不败而败。"

《中法新约》签订后，法国把越南变为自己的殖民地，中国西南地区的"后门"向法国开放。此后两年间，中法又相继签订其他不平等条约，逐渐确立了法国的侵略权益，中国西南逐渐变成法国的势力范围。

当清政府在第二次鸦片战争中签订了丧权辱国的《北京条约》后，清廷一些有识之士意识到中国与西方在科技、军事等方面存在着巨大差距，为了自救自强，发起了一场持续近三十年的洋务运动，又称自强运动。主张进行洋务运动的清朝贵族和官员形成了"洋务派"，与"洋务派"对立的是"顽固派"。

洋务派主要以奕䜣、曾国藩、李鸿章、左宗棠、张之洞为代表，主张学习西方的文化和先进技术，标榜求强致富，以兴办军事工业并围绕军事工业开办民用企业、建立新式陆海军为主要目的，以"中体西用"为思想指导，以维护清朝统治。

在英法联军火烧圆明园期间，为了议和，时

第二十七章

洋务运动

常和洋人打交道的恭亲王奕䜣，深知清军的装备和作战方式已远远落后于洋人，尤其在八里庄的惨败，给全国民众蒙上了挥之不去的阴影。当奕䜣与洋人谈判时，竟找不到一个国人来做翻译，最后，居然由洋人自己来负责这项工作。为此，他在谈判桌上羞愧难当、被动不已，恨不得一头钻进地缝里去。在中西方巨大的差距面前，他不得不向西方学习。

在剿灭太平天国的运动中，曾国藩、李鸿章、左宗棠等人，在借助侵略者镇压太平军的同时，目睹了英法联军坚船利炮的巨大威力，感受到一种从未有过的来自外夷的长久威胁。在不安与忧虑中，李鸿章指出："盖目前之患在内寇，长久之患在西人。"

在太平天国被镇压、国内相对稳定后，这些朝廷重臣与议政王奕䜣等人遥相呼应，纷纷主张学习西方的先进技术，开始仿造西方的坚船利炮，形成了一股向西方学习的浪潮。

洋务运动的目的是"自强""求富"，指导思想就是"师夷制夷""中体西用"。"师夷制夷"指的是学习西方的科学技术用以抵制西方的侵略；"中体西用"又可引申出"中学为体，西学为用"的含义，表明在学习和引进西方科技的同时，仍需将中国的体制和学问放在首位，以保持民族特色。这一口号成为洋务派高举的一面爱国旗帜。

此时，垂帘听政的慈禧太后，对奕䜣等人搞的洋务运动并不了解，毕竟这些东西在老祖宗的书里没见过。在经历了英法联军进北京的浩劫后，慈禧太后也终于见识了洋鬼子的厉害，心想："如今奕䜣他们推行洋务运动，既能富国强兵，又能抵御外侵，我仍可继续听政掌朝，何乐而不为呢？"

在慈禧太后的支持下，洋务派首先以"自强"为旗号，开始学习西方先进生产技术，创办新式军事工业，组建北洋水师等新式海军。其中在上海创办的江南制造总局，成为洋务运动中规模最大的军工企业。此外，还有天津机械制造厂、金陵机器制造局、安庆军械所、福州船政局等一系列军工企业。

由于购买洋枪洋炮开销巨大，朝廷的军费远远不够，洋务派便以"求富"为旗号，开始兴办轮船、铁路、电报、邮政、采矿、纺织等各种新式民用工业。在上海创办了最大的民企——轮船招商局，该局以官督商办的形式成为洋务派兴办的首个民用企业，初期仅有三艘轮船，1877 年已发展到大小三十艘，一来推动了近代民族工业的发展，二来补充了国库银两。

此外，洋务派还创办外语学校和翻译馆、选送留学生出国深造，培养翻译人才、军事人才和科技人才。1862 年，在北京设立了京师同文馆，这是清朝最早的官办新式学校。

正当清朝面临这样一个"数千年所未有之变局"的时候，一些清廷的顽固派依然没有被洋人的枪炮"打"醒，他们对奕䜣、曾国藩等人搞的洋务运动不屑一顾，其中以大学士倭仁为代表的顽固派，高唱"立国之道，尚礼义不尚权谋，根本之图，在人心不在技艺"，主张"以忠信为甲胄（指盔甲），礼仪为干橹（指盾牌），方可抵御外侮"。而洋务派认为，这种论调无非是在自欺欺人。纵观最近二三十年，顽固派不但缺乏制敌要领，反用满嘴空话来搪塞职责，甚至酿成国祸。

　　为此，以培养翻译人才而设立的同文馆，遭到了顽固派士大夫们的强烈反对，他们随口骂道："这简直是胡闹！教人都从了天主教！"扬言这是"以末求本，以夷变夏""多此一举"。并且危言耸听地断言"未同而言，斯文将丧"，以暗贬"同文"二字，试图把同文馆给打压下去。

　　顽固派倭仁上奏说："天文算学这些东西没什么用处，反倒是西方人充当教习危害甚大。"

　　慈禧太后听了有些不以为意，反问道："依你之见，洋务运动既然是胡闹，又如何'师夷制夷'、抵御外侵呢？"

　　倭仁赶忙转弯子，说："如若必须讲习天文算学，可以博采旁征，大清必有精其术者，何必用洋人，拜洋人为师呢？"

　　奕䜣得知后，将计就计，立即上奏慈禧太后，说："倭仁既然认为不必请洋人当教师，想必他已有这样的高人，不如让他举荐精于西学的本国教师，并请倭仁来筹办同文馆。"

　　当时站在洋务派一边的慈禧，明知倭仁那里并没有什么西学人才，听奕䜣这么一说，索性就捉弄一下这个守旧刻板的老学究，于是批准了奕䜣的建议，让倭仁来筹办同文馆。

　　这一来，倭仁被弄得狼狈不堪，他哪里有什么人才可荐呢？筹办同文馆的第二天，他不得不硬着头皮去朝廷辞职，却碰了个钉子。接下来几天，他屡番请辞都不能如愿，就再也无心给年幼的同治帝上课，急得老泪纵横，当场把小皇帝吓得直哭鼻子。没过几天，心神不定的倭仁又从马上摔了下来，回家后咳痰不止，说不出话来。据说用了这个苦肉计，才算摆脱了这个差事。

倭仁虽然被捉弄了一番，但同文馆的风波却仍在继续。在顽固守旧的士大夫们狂热的鼓噪下，很多有意投考同文馆的文官，都打了退堂鼓，结果学员所剩无几。直到两年后，同文馆聘用了美国人丁韪（wěi）良为总教习，又陆续邀请了一些外国专家来中国任教，开设了算学、化学、万国公法、医学生理、天文、物理、外国史地等课程，才吸引了众多考生前来报名。由此，同文馆成为近代中国第一所综合性的教育机构，培养了一大批翻译人才、外交人才和科技人才。

1872 年，在洋务派的倡议下，清廷派出首批三十名幼童赴美留学，这些还未受到传统观念和儒家文化束缚的孩子，很快适应了在国外的生活。在西方文化的影响下，这些入乡随俗的孩子不但剪掉了长长的辫子，还用西装代替了长袍马褂。

当慈禧太后得知一些留学的孩子回国后改成洋人的装扮，大为恼怒，认为这是悖逆行为。1881 年，慈禧下令召回全部留美幼童，结果大多数学子被迫中断学业，被遣送回国。尽管如此，在这批归国留学生里仍然有几位卓越的人才脱颖而出，如享有"中国铁路之父"称号、设计建造京张铁路的詹天佑。

慈禧太后虽然在一开始支持洋务派，但她毕竟是个醉心权力的守旧的人，她一生最崇尚的就是皇权，对西方文明的认知十分有限。起初支持洋务运动，也不过局限于狭隘的器物层面，当帝制原有的旧秩序一旦被新事物取代时，就会惶恐得如临大敌，认为此类现象有悖于皇权帝制，于是，她再也不是什么洋务运动的支持者，摇身一变，成为凶相毕露的反对者。

第二十八章

实业救国

　　1889年十一月，张之洞调任湖广总督，开始经营"湖北新政"，即"创实业、练新军、兴文教"，成为洋务派的后期代表。

　　生于贵州的张之洞（1837—1909），祖籍是河北南皮，字孝达，号香涛，晚年自称抱冰老人。他四岁时就入私塾学习，八岁已读完四书五经。别看他小小年纪，却有着强烈的求知欲，学习中一旦遇到问题，非得弄个明白不行。十五岁那年，应顺天府乡试，中了第一名举人。同治二年（1863年）入都会试，得了个一甲三名，被赐为进士及第。

　　1873年二月，三十六岁的张之洞奉旨任四川乡试副考官。在当时的成都乡试中，常有冒名顶替、贿赂考官，以及在考场打闹的事件发生。张之洞就任后，通过大力整顿以往弊端，使科场面貌焕然一新。

1879年三月，当张之洞补任国子监司业（主管国子学教育）时，正遇东乡（今四川宣汉县）知县孙定扬镇压平民的血案，由于被杀戮的乡民达数十人，激起了极大民愤。为了伸张正义，张之洞连奏数折，向朝廷详诉四川东乡县惨案经过，指控知县孙定扬"横征暴敛、妄召外兵、残杀民众，民无罪反诬为叛"的事实，要求严惩，以平民愤。清廷为了平息民怨，即派员核查案件始末，在罪证确凿的事实面前，判处孙定扬死罪，东乡血案终于得到昭雪。

在十多年出任湖广总督的日子里，张之洞先后建立了湖北铁路局，督办了京汉铁路、粤汉铁路、川汉铁路的工程建设。此外，他还建立了湖北枪炮厂、湖北纺织官局，开办了大冶铁矿、内河船运和电讯事业。

1889年，张之洞上奏，要求在国内修筑铁路，他指出："今日铁路用途，以开通内地货运为急需。有了铁路，机器可入，国货可出。此举首先在于利民，而利民即为利国，二者实为表里。"为了促进湖北冶铁事业的发展，他主张先修京汉路段。这些利国利民的奏折，使清廷意识到铁路对军事运输尤为重要，于是批奏："张之洞条陈，由卢沟桥直达汉口，先以两头试办。"随后派李鸿章会同海军衙门，共同与张之洞妥善筹备。

同年，当修建铁路的两百万两帑金（帑，tǎng，帑金，钱币，多指国库所藏）得到清廷批准后，张之洞即刻定下方针："储材宜急，勘路宜缓，兴工宜迟，竣工宜速。"由于在筹建阶段，中俄关系紧张，工程被迫搁置了五年多。后经张之洞再三敦促，清廷决定"先办卢汉,次第及于苏沪、粤汉"。终于在 1898 年正式动工,至 1905 年竣工。其间又因义和团运动及八国联军入侵而告暂停。竣工后的卢汉铁路不久改称京汉铁路。

由于修建铁路需用大量钢轨,张之洞及时兴建了近代化的钢铁厂。1891 年元月,汉阳铁厂建设工程正式启动。1894 年 6 月,铁厂竣工点火冶炼,虽然比原计划推迟了两年,却建成了亚洲第一家大型钢铁联合生产厂,在国内外引起强烈反响,上海多家外国报纸纷纷刊发号外,发电通告本国。由此不难看出,西方列强历来就怕中国强大,在心怀忌惮的窥视中,认为这是东方大国觉醒的标志。

大冶铁矿炼出成铁后,国人大为振奋,不禁奔走相告。成功的喜悦激励着张之洞再接再厉。不久他亲赴汉阳选择厂地,建起了清朝第一座大规模军火工厂,并在武昌文昌门、平湖门、望山门外及武汉近郊兴办了织布、纺纱、练缲丝、织麻四局等纺织工业,促进了民族工业的发展。

1895 年,清廷派练兵大臣铁良检阅军队,各省清兵持械操练,结果以两江总督张之洞督导下的湖北新军成绩最优。

在任两江总督时,张之洞为了整顿老旧的南京市容,准备修建新马路,但财政缺钱,怎么办呢?当得知李鸿章有一笔二十万两的款项存在南京某个钱庄上,于是有了主意。钱庄主人见官家要来提钱,赶忙说:"这可是私人存款,必须得到中堂大人的同意才能动用啊。"

张之洞心想,中堂哪里来的那么多钱?于是灵机一动,写信给李鸿章："眼下修路急需这笔款项，若您闲着无用，可否借用一下？将来筹款当奉还。"这一来，李鸿章的秘密存款被曝了光，而两江总督是为公益事业写的求助信，拒绝就会老脸丢尽。无奈中李鸿章只得同意把钱拿出来修路。

一向廉洁自律的张之洞，为了造福百姓，在铺路工程中故意不修衙门面前的街道。李鸿章被张之洞搞得很没面子，索性把这笔款赠给南京地方，自认破财了事。

1896年初，张之洞自两江再返湖广就任总督，为了"兴学求才"，摒弃旧式刻板的办学积弊，开始大规模创办新式学堂，多处成立书院，并对书院的课程设置、教学方法加以改革，严格考试制度和考试程序，使学生在多种课程可选的环境中积极钻研，努力攻坚，学习氛围空前高涨。同时，张之洞在湖北还创办了《湖北官报》及图书馆。当地民众欣喜地看到，围绕着"兴学堂、倡游学、办报纸"的文教事业盛极一时。

至此，张之洞在湖北创办了矿业、工业、自强、方言（外国语）、农务等专科新式学堂。在改革传统教育的同时，张之洞认识到西方文化的重要性，并尝试开办以西方文化为主的新式教育。通过实践，书院改革以两湖书院为代表，而新式学堂以自强学堂为典范。

张之洞为培养新的师资人才，又先后成立了湖北师范、两湖总师范等，并令各府统一开办初等师范。19世纪末，当日本推行明治维新后发展迅速，取得了让世人瞩目的成效，使张之洞认识到培养人才的重要性。为了打破闭关自守的困局，他派遣了大批留学生奔赴日本及欧美各国，学习西方的教育制度和先进的科学

技术。当时湖北有数千名留学生，成为出国学生最多的省份，就连张之洞的子孙也先后留日攻读。

张之洞对出国留学的孩子非常爱护，临行前必叮嘱送行，回国后必设宴接风。当时总督衙门里有个挑水夫，一听说当日总督设宴接风的是留学生某某人，挑水夫又兴奋又自豪，逢人就乐呵呵地说："这学生就是我的儿子啊！"

1898年，张之洞根据兴办新式教育的体会，撰写了《劝学篇》一文，倡导"中学为体，西学为用"。并将所著《劝学篇》进呈朝廷，得到了太后的赞赏，定为"钦定维新教科书"。十月间，三易其稿，刊印达两百万册。后译成英、法等文出版，广为流传。

由此可见，张之洞在湖北大规模兴办新式教育，逐步建立了比较系统的近代教育制度，这些实业教育、师范教育和国民教育，在推动中国教育近代化的过程中起到了重要作用。

19世纪末，中国同日本爆发了一场战争。这场战争发生在光绪二十年（1894年），这一年干支纪年（天干和地支的合称，古代用来表示年、月、日和时的次序，周而复始）为甲午年，史称"甲午战争"。

早在1867年，刚刚登基的明治天皇睦仁，就在《天皇御笔信》中宣称"开拓万里波涛，宣布国威于四方"。由此可见，日本统治集团已经按捺不住向海外扩张的狼子野心。

1868年，日本通过明治维新，开始"脱亚入欧"，走上资本主义道路。日渐强盛的日本岛国，急需对外进行商品输出和资本输出。于是，代表军阀、贵族和地主官僚、垄断财阀利益的天皇统

第二十九章

甲午战争

一六九

治集团，为了转移国内矛盾，争夺国外市场，极力发展军国主义，伺机在侵略扩张中寻求出路。

1871 年，日本明治天皇先与中国签订了中日第一个条约，叫作《中日修好条约》，表明"两国所属邦土，各以礼相待，不可稍有侵越，以获永久安全"的立场，以互不侵犯的平等条约来迷惑中国。

由于洋务运动初见成效，回光返照的清朝认为西方人只是想在贸易上占些便宜而已，于是完全丧失了防患意识。1888 年，刚刚组建的北洋水师，分别在大沽口、威海卫和旅顺三大军港基地驻防。尽管拥有大小军舰二十五艘，官兵四千人，后来却再也没有增添舰船，与日本新造的战舰相比，清军逐渐老化的舰船火力小，射程短，航速慢。

1891 年后的几年里，清廷上下一边忙着花钱为慈禧太后修建颐和园，一边准备为她操办隆重的六十大寿，甚至连购买枪炮弹药的钱都用来庆生了。再看编制老旧的陆海军，由于长期军纪涣散，缺乏训练，战斗力低下，虽然多达八十万人，却处于外强中干的状态。与此同时，日本每年将国家财政总收入的六成用来发展海军和陆军，明治天皇每年还从宫廷经费里拿出三十万来支持军备。

1894 年春，朝鲜爆发了"东学党"农民起义，朝鲜被迫向清朝乞求援兵，日本乘机设下圈套，假惺惺地向清廷表示："贵政府何不速代韩戡（kān，指用武力平定）？"诱使清廷出兵朝鲜。6 月，当清朝首批派出的两千余淮军在朝鲜牙山登陆的第二天，日本即派大量军队入朝，占领了军事要地，伺机歼灭清军。

1894 年 7 月，日本在朝鲜丰岛海面袭击了两艘增援朝鲜的清朝军舰"济远""广乙"号，丰岛海战爆发。海战中日本联合舰队的"浪速"舰击沉了清军借来运兵的英国商轮"高升"号。至此，日本不宣而战，悍然挑起侵华战争，引爆了中日甲午战争的导火索。

8 月 1 日，中日双方正式宣战，战争大致分为三个阶段：

第一阶段分为陆战与海战双向进行，陆战主要指的是平壤之战，海战主要指的是黄海北部海域进行的海战，又称甲午海战。

平壤之战又在三个地段同时展开：大同江南岸、玄武门外和城西南。尽管驻守平壤的清军与日军兵力不相上下，双方均为一万六千人，不过清军的武器装备与战斗力却跟日军相差甚远。

9 月 15 日，日军以上述三路进攻平壤。在异常激烈的战斗中，高州镇总兵左宝贵中炮阵亡，随后玄武门失守，直隶提督叶志超干脆弃守平壤，连夜撤退，不料在一路狂奔五百里的途中被日军的伏兵所袭，伤亡两千余人，损失惨重。为此，被冠以"逃跑将军"称号的叶志超被朝廷治罪。此后，朝鲜全境被日军控制。

9 月 17 日中午时分，寻战而来的日本联合舰队，在鸭绿江口大东沟附近的黄海海域挑起一场激烈的海战。霎时，双方炮舰齐鸣，硝烟弥漫，海水沸腾。日舰以航速快的优势，乘机从右侧包抄，致使北洋舰队受到重创，提督丁汝昌被震下飞桥，身负重伤。

激战中，只见中弹起火的"致远"舰冲出队列，在舰长邓世昌的号令下，毅然全速冲向日本主力舰"吉野"号，决意与敌舰同归于尽。日军官兵见状大惊失色，集中炮火拼命射向"致远"舰，一阵密集的炮弹袭来，"致远"舰因鱼雷管中弹引起大爆炸，导致沉没，全舰二百五十二名官兵除了七名获救外，其余全部与邓世昌壮烈殉国。

"经远"号继续迎战"吉野"号，遭到"吉野"号、"浪速"号等四舰围攻，尽管中弹起火，全舰仍然奋勇还击。在猛烈的炮火中，舰长林永升当场牺牲，最后"经远"号中弹累累而下沉，二百多名将士以身殉国。"济远"号和"广甲"号见状慌乱不已，掉头临阵脱逃，后分别被朝廷予以惩处。

当日下午，日舰"松岛"号被北洋舰队的大炮击中，大火引燃了舰上的火药，发生了大爆炸，冒起了浓浓的黑烟；日舰"赤城"号、"比睿"号、"西京丸"号均伤痕累累；主力舰"吉野"号、"扶桑"号也都受了伤。这时，抢修完毕的清舰"靖远"号、"来远"号重新投入战斗中。日本联合舰队司令官见北洋舰队重新集队，越战越勇，而日舰却已无力回击，立刻下令撤出战场。北洋舰队在海上追了一阵子，随后收队返回旅顺。

历经五个小时的激烈海战，北洋舰队损失了五艘军舰，死伤官兵千余人；日本舰队仅有五舰受伤，死伤官兵六百余人。

第二阶段，以陆战为主的辽东半岛之战。10月25日，日军在鸭绿江上搭浮桥抢渡成功，向虎山清军阵地发起进攻。当决战即将打响时，偏偏光绪帝的圣旨到了，要缉拿平壤之战逃跑的主将卫汝贵，一时间清军人心溃散，再也无心作战，致使鸭绿江防线全线崩溃。11月21日旅顺陷落，第二天，日军对城内进行残酷的大规模屠城，遇害者达两万多人。

随着清军节节败退，朝廷占了上风的主和派乘机大肆进行投

降活动。北洋舰队依照李鸿章"避战保船"的命令，深藏威海卫港内。旅顺口失陷后，北洋舰队门户洞开，致使日本联合舰队掌握了黄海制海权，战局急转直下。

第三阶段，威海卫之战和辽东之战。1895 年 1 月 20 日，日本第二军共两万五千人，在日舰掩护下，开始在山东荣成龙须岛登陆。2 月 3 日攻陷了威海卫城，丁汝昌镇守的刘公岛成为孤岛。伊东祐亨见丁汝昌孤立无援，就写信劝他投降。丁汝昌悲愤万分，为了不落敌手，毅然服毒自杀，以身殉国。

17 日，日军的太阳旗插在了刘公岛上，随后"济远""广丙""镇中""镇东"等十艘军舰和五千多名中国陆海官兵为日军所俘，北洋舰队全军覆没。

随后日军佯攻辽阳，光绪帝不知是计，亲自下令，命正在反攻腹地海城的清军主力去救援辽阳，日军乘机进攻清军的交通枢纽牛庄，围歼了孤立在牛庄的湘军主力，最终双方爆发了田庄台大决战。在此战役中，中日双方各投入了约两万兵力，成为甲午战争期间最大的一次陆战。日军集中了各种火炮一百零九门，是清军炮数的四倍。在这次战斗中，日军伤亡一百六十余人，清军损伤两千余人，其中多数人被日军焚烧村落的大火烧死。北洋军务帮办宋庆眼看清军主力要被围歼，只好下令撤退，此后清廷被迫议和。

历时九个月的甲午战争，最终以清朝与日本签订了丧权辱国的《马关条约》宣告结束。

第三十章

马关条约

从甲午战争一开始，以慈禧太后和李鸿章为代表的主和派，就想尽快结束战争。慈禧太后不禁想起了十年前被她罢黜的奕䜣，认为还是他和洋人好说话，于是在1894年9月底起用这位恭亲王，让他主持总理衙门。奉旨行事的奕䜣，于10月初身着朝服再度登场，亲自出面请求英、美、俄三国共同调停中日战争。由于美、俄各有各的打算，结果英国单方面的"调停"也没起到什么作用。

11月初，日军将战火烧到辽东，清廷万分恐慌，慈禧太后担心"龙兴之地"（指清朝起源地）遭到兵火之灾，急忙命奕䜣求助美国驻华公使田贝出面调停。美方认为这正是对清廷进行讹诈的好时机，表示愿意介入"调停"。而日本正在攻打旅顺，根本就没理会所谓的"调停"。慈禧太后害怕日军接着进犯京津，到时候毁了颐和园不说，恐怕还得搅了她的六十大寿，那还了得！于是不顾光绪帝等主战派的反对，率先指使奕䜣委托田贝秘密向日本疏通。

1895年1月14日，清廷正式派户部侍郎张荫桓、湖南巡抚邵友濂为全权大臣，为了表示求和的诚意，还聘请了美国国务卿科士达为顾问，一同赴日求和。

此时，不可一世的日本帝国正在威海卫围攻北洋舰队，尽管胜券在握，可一旦清廷无条件投降的话，他们认为机会还不够成熟，于是以清廷二臣的资格不够为借口，冷冷地回应道："你们说的能算数吗？大清的直隶总督怎么没来呀？这分明是全权不足嘛。"两位求和大臣被羞辱了一番，只好悻悻而归。作为顾问的科士达眼瞧着东洋人以势压人，也不好说什么，算是白跟了一趟。

尽管日本在战场上连战连胜，但资源有限的国力要在短期内应付巨大的战争消耗，却深深加重了日本人民的负担。自甲午战争爆发以来，日本多地引发了农民暴动，社会动荡不安。2月2日，日本首相伊藤博文不想本国经济被战争拖垮，于是向清廷提出了和谈要求，指定李鸿章作为全权代表前来谈判，并扬言以割地、赔款为"议和"条件。此时的清廷一败再败，已不惜任何代价来获得停战求和的机会。

1895年3月，清廷按照日本人的旨意，派慈禧太后历来认定"再造玄黄之人"的李鸿章作为头等全权大臣，仍邀美国人科士达为顾问，前往日本马关（今下关）与伊藤博文、外务大臣陆奥宗光进行谈判。3 月 20 日，双方在春帆楼正式开启了和谈。

当时辽东战场上中日正在激战，李鸿章要求先谈停战，后谈议和。而伊藤博文却蛮横地提出，应以占领天津、大沽、山海关等地作为停战条件。面对日本的苛刻条件，李鸿章没敢答应，被迫撤回了停战要求。

3 月 24 日，李鸿章在回使馆的途中，突然被日本浪人（日本幕府时代失去俸禄而流浪的武士）小山丰太郎用枪打中了左颧（quán）骨，当场血流满面，被送往医院救治。此事引起各国舆论哗然，纷纷指责日本卑劣的暗杀行径。伊藤博文担心第三国会以此为借口，干涉日本内政，于是主动向躺在医院里的李鸿章提出了无条件停战二十一天。

3 月底双方签订了休战条约，停战范围仅限于奉天（辽宁省旧称）、直隶、山东各地。同时，日军已经侵占了澎湖，形成对台湾的威胁。伊藤博文乘机拟定了十分苛刻的和约条款，向李鸿章提出：中国须赔偿二亿两白银，割让辽东半岛、台湾全岛和澎湖列岛，并开放沙市、重庆、苏州、杭州为通商口岸，让日本人在中国自由办厂。

李鸿章面对日方一揽子苛刻的议和条款，吓得连忙电告朝廷，光绪帝感到一阵心痛，心想，割地怎舍得？赔款哪有钱？他赶忙向后宫请示。此时，慈禧太后正在饶有兴致地为庆贺自己六十大寿描绘花鸟呢，还没听完太监转奏，就皱起了眉头。不一会儿，太监出来答话："太后发话了，朝廷大事，一切由皇上做主。"

一个长长的"主"字，冷不丁让光绪帝打了个寒噤，在百般无奈中，他只好仓促回应李鸿章："你看着办吧，尽量维护大清的利益为宜。"

此时，美国顾问科士达为了尽早从中渔利，从旁一再怂恿李鸿章赶快接受条件。4月1日，如坐针毡的李鸿章开始向日方讨价还价，乞求降低和约条件。伊藤博文略将和约条款修改后，于4月10日向李鸿章下了最后通牒，并威胁说："中堂见我此次节略，只有允、不允两句话而已。"

李鸿章惊恐地问："难道不准分辩？"伊藤博文轻蔑地答道："只管辩论，但条约不能减少。" 李鸿章苦苦哀求，希望减轻一些勒索，却如同与虎谋皮，遭到严拒，于是只好再向清廷电报请示。4月14日，清廷明知败得一塌糊涂，却仍然振振有词地电令李鸿章："倘无商改可能，即权宜签字，望遵旨定约。"

1895年4月17日，在马关春帆楼这幢不起眼的三层黄色小楼里，李鸿章代表清政府与日本签订了丧权辱国的《马关条约》，成为继《南京条约》以来最严重的不平等条约。它给近代中国社会造成了极大危害，首先是台湾等大片领土被割让，破坏了中国领土与主权的完整，加剧了列强瓜分中国的狂潮，使民族危机进一步加深。其次是巨额赔款，一方面使中国人民的负担更加沉重，另一方面却加速了日本军国主义的发展。清朝为此大借外债，促使各国列强控制了中国的经济命脉，使得已经陡然下滑的中国经济雪上加霜。

另外，通商口岸的开放以及允许在华投资办厂，不但使日本帝国主义的侵略魔爪伸入中国，而且使其他列强乘机利用"利益均沾"等条款，争先恐后在中国办厂，导致中国民族资本主义的发展遭受到严重的遏制与阻碍。

《马关条约》签订六天后，沙俄帝国因辽东半岛被日本占领，阻碍了它向中国东北扩张的企图，于是联合法、德两国对日施压。日本不敢惹这头"北极熊"，迫于压力，于5月4日一边宣布放弃辽东半岛，一边要求清廷以白银三千万两将其"赎回"。清廷自然是俯首帖耳，唯命是从。至此，日本在甲午战争后一共勒索了中国二亿三千万两巨额白银。

甲午战争的失败，标志着清朝历时三十余年的洋务运动功亏一篑，曾经取得的一切成果化为乌有。由于半殖民地的程度大大加深，中国的国际地位急剧下降，列强乘机为瓜分中国、划分势力范围而相互角逐。与此同时，中国人民反抗侵略、挽救民族危亡的运动不断高涨，随后资产阶级掀起了维新变法运动和民主革命运动，反抗浪潮开始席卷中国大地。

第三十一章

强占新界

甲午战争失败后，帝国主义列强掀起了瓜分中国的狂潮。1898 年 3 月，法国正式向清朝提出在中国南部海岸建立煤栈的要求。英国得知后，为了自身的利益，于当月 19 日向清政府发出威胁，扬言"如果将广州湾租借给法国，那么对已是英属的香港来说，扩展九龙地界将是早晚的事情"。随后他们紧盯着法国，要是法国得手，英国决不会善罢甘休。

位于广东省珠江口东南的香港岛，包括九龙和"新界"以及周围 262 个岛屿，陆地总面积 1106.66 平方千米，海域面积 1648.69 平方千米，从唐代起就有军队驻守香港并在海上巡查。到了宋明时期，一些百姓陆续迁到香港地区定居，并逐年增多。到了清朝，香港归广东省新安县管辖。

回首18世纪初，老牌殖民主义国家英国开始对华进行鸦片贸易。毒品的大肆蔓延，使中国民众灾难深重。1839年6月林则徐虎门销烟之后，清廷下令查禁鸦片，英国人为此恼羞成怒，第二年悍然发动了第一次鸦片战争。直至1841年1月26日，英国派兵强行占领了香港。

1842年8月29日，英国政府同清廷签订了我国近代史上第一个不平等条约《南京条约》，其中第三条规定，把香港岛割让给英国。1856年，利欲熏心的英国又发动了第二次鸦片战争，强迫清廷于1860年10月24日签订《北京条约》，割九龙司地方一区给英国。

1897年12月，野心勃勃的沙俄借口保护中国，强占了旅顺、大连。第二年3月27日，沙俄以促使日本还辽有功，胁迫清廷签订了《旅大租地条约》。条约规定旅顺口、大连湾及附近水面租借给俄国，为期二十五年。沙俄明知北洋舰队已不复存在，却还假惺惺地表示，这里的军港只供中俄两国兵舰使用，而实际上为俄国独占。在沙俄的怂恿下，法国一再向清廷施压。1898年4月10日，腐朽的清廷同意将广州湾租借给法国。

这一来，英国看到法国勒索成功，立刻向清政府提出要求"补偿"，以维护英方在华的利益"均势"。4月24日，英国公使窦纳乐照会清廷，提出了五项要求：不得将西南诸省的筑路、开矿独占权让给法国；同时开放南宁商埠；向英国保证不割让广东和云南；允许英国修筑沪宁铁路；租借九龙，展拓香港界址。在英帝国的勒索下，软弱的清廷既不敢都拒绝，也不敢统统答应。最后窝窝囊囊地采取了折中的办法，对筑路权及租借九龙表示同意，对开放南宁及签订不割让广东和云南的协议并未应允。

在租借九龙的问题上，清政府曾提出英国不得在九龙山上修筑炮台等军事设施，结果被英国公使断然拒绝，并向清廷宣称，将广州湾租借给法国将不利于香港的防务，英国必须取得邻近土地的控制权作为缓冲地带，防止维多利亚港处于别国的炮口之下。英国人以此为借口，提出一个拓展界址的"租借"方案：将深圳湾到大鹏湾的九龙半岛，即被称为"新界"的地带，连同附近的二百三十三个岛屿，租与英国九十九年。这一来，英国租用的陆地比原有香港殖民地扩大了十倍多，海面更是比原先扩展了四五十倍。英国扬言，清廷若不同意"租借"方案，就派军队进攻北京。

1898 年 6 月 9 日，清廷屈辱地接受了英方的无理要求，派李鸿章与英国公使窦纳乐在北京正式签订了《展拓香港界址专条》。蓄谋已久的英国，利用对清廷施压后签署的这个条约，达到了侵占整个香港的目的。

根据当时的国际法，租借地必须经过公开仪式接管才算生效，英国人决定在 1899 年 4 月 17 日这一天，在新界大浦举行升旗仪式，正式接管这个地区。而香港元朗一带的乡民，决心以武力来反抗英国人的接管。起初，这一反抗活动由屏山邓氏一族参与，后来扩展到夏村和锦田一带的乡民，乡勇们群情激愤，于 3 月 28 日贴出檄文：

"我民所深恶痛绝者，英夷也，该夷将入我乡界，夺我土地，贻无穷之患。祸在旦夕，我民夙夜焦愁。我乡闾（古代二十五家为一闾）百姓不甘安坐待毙，决心抵抗夷人。英夷将犯我境，我乡闾大小村庄，祸迫眉睫。我等乡民，须团结一心，披坚执锐，挺身反抗。凡有畏缩不前或妨碍阻挠我军事计略者，必严惩不贷。"

于是，出乎港英政府意料之外，这里的人民发起了一场武装反抗英国殖民者的"六日战争"，直到后来港英政府不得不调集了四艘战舰、数百名殖民军才将反抗镇压下去。

4月上旬，由两千五百多名乡勇组成的反抗军汇集大埔，他们分别在锦山与新围仔部署抬枪（一种枪筒较粗的旧式火器，需两人合作发射）阵地。同时，在大埔头村后山设置大炮阵地，射程可达旗杆山，正是举行升旗仪式的地方。按照原定计划，抗英群众准备在升旗仪式这一天，等港英政府首脑亮相的时候，炮轰旗杆山，一举将他们歼灭。

可事与愿违，偏偏有那么一伙村民不按计划行事，提前三天就擅自动起手来。4月14日，这些村民烧掉了为升旗仪式搭建的席棚。被激怒的英国人，马上调兵遣将予以镇压，"六日战争"随即爆发。

15日，一支由一百二十五人组成的英军印度兵刚抵达大埔，即遭到反抗军密集的火力围攻。驻港英军总司令威廉·加士居立即乘军舰驶入吐露港（香港新界的一个主要内港）增援，向反抗军阵地连发了十七发炮弹，命中抬枪主力阵地，反抗军伤亡惨重，被迫撤退。英军乘机于16日提前举行升旗仪式，次日派出三百五十名装备精良的殖民军反攻，沿梅树坑一路攻克了反抗军

设在林村谷谷口的大炮阵地。

18 日，殖民军进入八乡上村，包围了余下的抗英勇士，乡勇们尽管武器落后，却仍然顽强抵抗，最后在突围中遭到英军密集的排枪扫射，结果伤者不计其数，超过五百名乡勇壮烈牺牲，而装备优良的英军却无人阵亡。

19 日，殖民军主力开始沿八乡、锦田各村落搜索扫荡。连日来弹尽粮绝的抗英乡民，面对荷枪实弹的殖民军，只好被迫投降，史称"六日战争"的战事就此结束。

此后，在此战牺牲的烈士被乡民们记录在册，藏于英勇祠神龛排位之后。直到 1938 年重修英勇祠时，才被人们发现，于是刻石立碑，以传后世。在元朗锦田村邓氏族谱上，记载了这样一段话：

"光绪二十四年（戊戌年），夷人乘机挟要中国领土为租借地，而我乡先辈揭竿起义，并登高一呼，联合各乡民众与英军冲突，故演成'锦田喋血'事件，此一场可歌可泣之民族抗战遂告一段落，至今乡人颜其名曰'英烈祠'，每年春二（农历二月初二是龙头节，俗称二月二）祭扫凭吊其壮烈不忘也。"

1899 年 5 月 16 日，中英签订的《展拓香港界址专条》不到一年，英国以"中国官员在九龙城内行使管辖权与香港防务军事需要不合"为借口，强行将中国官员驱逐出九龙城，并且单方面宣布废止中国所保留的权利。

1899 年 12 月 27 日，当英国完全控制九龙城后，就将展拓的新界划为"香港总督"管辖，并在新界实行与香港岛和九龙半岛相同的管辖制度，使香港地区完全脱离了中国的行政系统，再一次粗暴地践踏了中国主权。

中华人民共和国成立后，根据 1984 年 12 月 19 日中英两国政府签署的《中华人民共和国政府和大不列颠及北爱尔兰联合王国政府关于香港问题的联合声明》，1997 年 7 月 1 日，中国终于对香港地区恢复行使主权，并建成了香港特别行政区。

第三十二章

物竞天择

甲午战争失败的厄运，再次将中华民族推到了濒临危亡的地步。此时，一位忧国忧民的年轻人怀着对民族和国家的热忱，向世人展现了《天演论》等一系列译著，期盼以此唤起国人救亡图存的意识，他就是被誉为"中国西学第一人"的严复。

出生于福州一个中医世家的严复（1854—1921），目睹腐朽的晚清积贫积弱、民不聊生，怒其不争、哀其不幸；同时，对林则徐开展的虎门销烟行动，感到扬眉吐气，深受鼓舞和激励。

1866年，十二岁的严复考入福州马尾船政学堂。在洋务运动的影响下，学堂聘请了法国和英国教习，严复开始接受新式教育。五年来，他系统学习了英文、代数、几何、天文学、航海术等几十门课程，并以优异的成绩毕业，先后在北洋舰队的"建威""扬武"两舰实习了五年，取得了选用道员资格（清代官名，又称道台）。

1877年，二十三岁的严复受公派留学英国格林尼治海军大学。在两年半的留学期间，他游历了欧洲各国，着重考察英国社会，并探讨英国富强的原因。其间，一批举世瞩目的欧洲经济学家、哲学家、思想家、教育家、社会学家和生物学家等的著作让他大开眼界，其中就有亚当·斯密、孟德斯鸠、卢梭、达尔文、赫胥黎等著名学者。

回国后的严复被聘为福州船政学堂教习，后来陆续担任京师大学堂译局总办、上海复旦公学校长、安庆高等师范学堂校长、清朝学部名辞馆总编辑。在李鸿章创办的北洋水师学堂任教期间，培养了中国近代第一批海军人才，并翻译了《天演论》，创办了《国闻报》，系统地介绍了西方民主体制和最新的科学成果，宣传维新变法思想，将西方的政治经济学、社会学、哲学和自然科学介绍到国内，并出版了《严复全集》。

其中《天演论》是严复最著名的译作，从翻译到正式出版，经历了中国近代史上民族危机空前深重的三年（1895—1897）。随着维新运动的持续高涨，《天演论》阐明了"物竞天择，适者生存"的观点，并于1897年年底在天津出版的《国闻汇编》中刊出，引起了国内思想界强烈的震动。

该书作者是英国著名博物学家赫胥黎，他是达尔文进化论的坚定支持者，曾发表过一百五十多篇科学论文，内容涉及动物学、古生物学、地质学、人类学和植物学等多方面知识。1893 年，六十八岁的赫胥黎应友人邀请，在牛津大学举办了一次学术演讲，主要阐述了宇宙变化中自然力量、伦理过程与人为力量的相互激扬、相互制约、相互依存的辩证关系。讲座的英文名称为《进化论与伦理学》，经过整理后的讲稿即为《天演论》。

《天演论》认为自然界的生物并非万古不变，而是在不断地变化发展，原因就在于有着"物竞天择"的自然规律。"物竞"就是生存竞争，优种战胜劣种，强种战胜弱种，"天择"即是自然选择、自然淘汰，生物就是在"生存竞争"和"自然淘汰"的过程中进化演变的。

早在达尔文《物种起源》一书中，对进化论学说已有阐述，而在赫胥黎的学说里，进一步延伸了这一学术理论，指出这一原理同样适用于人类，并随着人类文明的发展，适于生存的人们恰是那些在伦理上最为优秀的群体。

针对国家濒于危亡的现状，严复向国人奋力疾呼，发出了与天争胜的呐喊，指出若再不变法图强，将不可避免地依循优胜劣汰的规律而亡国亡种！《天演论》比较透彻地解析了达尔文生物进化论的观点，阐释了西方哲学思想对人类文明的启蒙作用，对长期处于闭关锁国而濒于知识饥荒的晚清知识分子来说，产生了振聋发聩的影响，使他们如获至宝。

《天演论》的广泛传播引发了巨大的社会反响，曾为《天演论》译文作序、提倡中西兼学并用的京师大学堂总教习吴汝纶对《天演论》更是赞不绝口，认为"自中国翻译西书以来，无此宏制"。

赞赏之余，吴汝纶亲笔将《天演论》全文以蝇头小楷抄录下来，予以珍藏。

学贯中西的严复，是中国近代翻译史上划时代的翻译家，他吸收了中国古代对佛经翻译的精妙方法，结合自己丰富的实践经验，在《天演论》的译作里鲜明地提出了"信、达、雅"的翻译准则，被誉为译文"三字经"。

"信"——指准确无误地传达原文的内容；

"达"——指译文须通顺流畅；

"雅"——指译出来的文字应隽永典雅。

严复所倡导的译文"三字经"，对后世的翻译理论和实践意义举足轻重。到了20世纪，这个经典的译文"三字经"使国内的翻译家受益匪浅，并成为他们的座右铭。

严复在译述《天演论》的过程中，除了针对内容主体直译外，时而给予评论和深入发挥，以此增强读者的领悟和理解。他将《天演论》导论分为十八篇、正文分为十七篇，分别冠以篇名。为了使读者循序渐进，着重对其中的二十八篇添加了按语。

在阐述进化论的同时，他紧密联系中国现状，向人们发出"尚不振作自强，就会亡国灭种"的警告。他在按语中，无一例外地以植物、动物遵循生存竞争、优胜劣汰的规律作为例子，来反观人类社会的发展现象，指出人类竞争的胜负不在人数多少，而在于力量的强弱。

当维新派人士梁启超读到《天演论》译稿时，还没等到出版，就主动加以宣传，并根据自己对物竞天择思想的领悟，开始撰写

评论文章。维新派领袖康有为见此译稿后，不禁发出"眼中未见有此等人"的赞叹，连称严复译的《天演论》"为中国西学第一者也"。

那时，年轻的鲁迅初读《天演论》也爱不释手，当他静静地阅读时，偏有个迂腐的本家长辈见着了，立刻大惊小怪地冲着他嚷嚷。鲁迅随后在他的《琐记》里描述道："'你这孩子有点不对了，拿这篇文章去看去，抄下来去看去。'一位本家的老辈严肃地对我说，而且递过一张报纸来。接来看时，'臣许应跪奏……'那文章现在是一句也不记得了，总之是参康有为变法的……"于是"仍然自己不觉得有什么不对，一有闲空，就照例地吃侉饼、花生米、辣椒，看《天演论》"。

《琐记》里寥寥数语，笔触辛辣，令人忍俊不禁。可见《天演论》深受思想家、文学家和社会精英们的欢迎。

据胡适回忆："有一次，国学老师杨千里教我们班上买吴汝纶删节的严复译本《天演论》来做读本，这是我第一次读《天演论》，高兴得很。他出的作文题目是'物竞天择，适者生存，试申其义'。这种题目自然不是我们十几岁小孩子能发挥的，但说明读《天演论》，已成为那个时代的风气。"他十分钦佩严复，评价他为"介绍近世思想的第一人"。

《天演论》出版后，译文里的物竞天择、优胜劣汰、适者生存等新名词很快充斥各大报纸刊物，一时成为广大爱国志士热议的口头禅。

自 1898 年以后，在短短的十多年中，《天演论》就发行了三十多个不同的版本，这部警世译著深深地影响了几代人，它启示人们，中国虽弱，但仍有挽救的方法，即通过强力竞争和不懈努力，才能使弱者变为强者。它以西学理论主张变法，震动了当时中国的思想界，推进了维新运动的发展，奠定了严复在中国近代思想界的地位，使其成为中国近代的启蒙思想家。

第三十三章

公车上书

战争失败的阴影，笼罩在每个国人的心中，举国痛心疾首，人们不得不思考这样一个问题：为什么泱泱大国败给了自己的学生、小小的岛国日本？有识之士们开始探究日本迅速强大的原因。他们认识到，日本在封建社会向资本主义社会过渡中，实行了"明治维新"变法，尤其在"脱亚入欧、富国强兵、殖产兴业、文明开化"的口号下，加速走上了资本主义道路，跻身世界强国。那么中国要富强，为什么不能向日本学习变法呢？为此，要求尽快变法维新的呼声日渐高涨。

1895 年 4 月，清廷与日本签订了丧权辱国的《马关条约》，加深了中国的半殖民地化和民族危机，激起了全国人民的反对。

正在北京参加会试的各省举人得到消息后义愤填膺，纷纷到都察院上书，希望通过自己的努力来挽救危局。一时人声鼎沸，反对《马关条约》的声浪传遍京师。

参加会试的广东举人康有为更是肝肠寸断、五内如焚，认为士可杀不可辱。当他看到广大考生高涨的爱国热情时，立即带领弟子梁启超等人，汇集了在京应试的八十一名广东举人，联名上书都察院。一石激起千层浪，只见福建、四川、江西、河南等省的举人也纷纷上书。台湾省的举人罗秀惠等人更是"垂泪而请命"，痛心疾首地怒斥《马关条约》的卖国行径，强烈呼吁反对割让台湾。

5月1日，康有为联合十八省举人聚集在松筠庵（今宣武门外达智桥胡同），举行了一千多人的集会，讨论共同联名上书事宜。在大家的推举下，由康有为执笔，起草了一份一万四千多字的万言书，提出"拒和、迁都、练兵、变法"的主张。康有为连续两个昼夜奋笔疾书，详细列举了富国、养民、教民等具体方略，得到众多举人连署。这就是著名的"公车上书"。

我国自汉代以来，就有以公家车马接送举荐人才赴京科考的传统，于是人们就用"公车"作为举人进京应试的代称。在此特指入京会试的举人"上书"言事。

5月2日，十八省举人会同数千市民集聚在都察院门前，一致向都察院请愿代奏万言书。

康有为在万言书中慷慨陈词，以国弱民轻的现状为依据，极力陈述救国自强的方法。他首先痛斥签订《马关条约》所带来的严重危害，尤其把台湾等大片领土割让给日本，将进一步加速西

方列强侵略中国的进程，导致濒临亡国的危险。

为此，康有为提出了拒签和约、迁都抗战、开展练兵和变法图强四项建议，以解决中国面临的问题。他指出："筹自强之策，计万世之安，非变通旧法，无以为治。"他迫切希望皇帝当机立断，立志于改革富强，使国家免遭欺辱的命运。这些建议的要点为：

一、"下诏鼓天下之气"。一下"罪己之诏"，要求皇帝放下尊严，检讨自己的过失，这样才能振奋士气，鼓舞人心，同雪国耻；二下"明罚之诏"，惩办那些主张求和、丧权辱国、割地赔款的大臣，并严惩贪生怕死、临阵脱逃的将领，奖赏那些不畏艰险的将帅疆吏、有功之臣；三下"求才之诏"，对有才干有作为的人才，不论资历与出身，都应量才予以提拔录用。

二、"迁都定天下之本"，主张迁都西安。由于京师靠近海洋，容易受到外国列强的威胁，尤其在旅顺和威海卫失陷的情况下，若让余下的残兵败将来守卫京师，胜算难保，失败的可能性极大。倘若迁都，可以凭借西安内地天然的地理优势，来抵抗贼心不死的日寇随时进犯。另外，与其将二亿赔款白白付给日本，不如坚决改充军费，绝不与日寇求和。

三、"练兵强天下之势"。近代中国屡战屡败的原因在于将衰兵弱。他建议光绪帝责令各州县推举精兵良才，以取代那些老弱病残的队伍。同时，主张选将不论资排辈，购置兵器宜用西洋枪炮，建议从英国购进各式先进武器装备。另外，应大力支持、准许爱国南洋侨商组织军团，以增强抗日的军事力量。

四、"变法成天下之治"。近半个世纪以来，中国之所以被列强侵略，在于西方进行变法革新之时，我们却一味地夜郎自大，墨守成规，裹足不前，造成今天的败局。如上三项只是解决当前危机的应对策略，若要从根本上实现中国的繁荣富强，就必须进行变法，以如下三点分述：

1. 富国之法。统一中国的金融市场，设立专局铸造银币，由国家发行钞票；准许私人投资修筑铁路、创办机器厂、设立轮船公司及开采矿业。撤除旧时的驿站，建立邮政系统，开设邮政局。

2. 养民之法。大力发展农业，设立农学会，采用新式农业生产方法，传播西方农业科学知识；设立丝茶学会，整顿丝茶行业；设立考工院，翻译外国有关工业学科的著作；各省设立商会、商学，传播西方商学知识；提倡国货和撤销厘金（晚清时期的一种地方商业税），降低出口税；实行移民垦荒，组织无业游民从事生产劳动；设立孤寡、残疾人救助院，以提高社会福利。

3. 教民之法。改革科举制度，分科设立学堂、开办艺学书院，学习西方科学，同时提倡孔教，开设多家报馆，并奖励著书立说。

另外，康有为建议精简机构，改革官制，整顿吏治。对于"额外冗官，皆可裁汰，各营一职，不得兼官。"提出地方官吏应该学习选拔人才的方法，达到人尽其用，各司其职；强调"通政（古代掌管内外奏章的机构）应准许百僚奏事，以开言路"，促使朝廷广纳良策；建议以府县为单位，每十万户推举一名"议郎"作为代言人，以供皇帝咨询，作为朝廷制定方针时的参考依据，并使政令上通下达。

举人们一致希望朝廷在签署《马关条约》之前，由都察院代以呈交这份万言书。不料这一风风火火的爱国行动却遭到了朝廷主和派的阻挠，听到风声的慈禧太后早就坐不住了，急忙向光绪帝施压，气急败坏地说："眼下议和要紧哪，万一日本人打进来，你我就再也没好日子过了！还犹豫什么？赶紧在和约上画押吧！"她要抢在公车上书之前，迫使光绪帝加盖御玺后发布谕旨，以期盖棺定论。因此，当万言书递到都察院时，都察院借口《条约》已盖上皇帝的御玺，无法挽回了。于是，这份变法图强的万言书，光绪帝压根儿就没见着。

虽然举人们的爱国目的没能实现，但在清朝的历史中，作为近代中国知识分子首次自发的联合大请愿却是史无前例，它打破了清朝统治者长期以来对知识分子不容干政的禁令。莘莘学子与京师民众一心企盼变法图强，已是民心所向，对推动后来的变法运动起到了重要作用。

不久，康有为等人以"变法图强"为号召，在北京、上海等地发行报纸，宣传维新思想。同时，维新派人士谭嗣同、严复也在积极宣传维新主张，以致"公车上书"事件在大江南北引发了资产阶级改良主义思潮，并逐步转变成一场爱国救亡的政治运动。

第三十四章 百日维新

"公车上书"后，康有为、梁启超等维新派人士并没有放弃变法的主张，他们通过著书立说，介绍外国变法经验，积极进行舆论宣传和思想传播，以唤起广大民众参与变法运动。

1895年8月，康有为、梁启超等人在北京创办了《万国公报》，组织了保国会，一年后又在上海创办了《时务报》，并时常发表演说，要求朝廷维新变法。1897年冬，严复在天津开始主编与《时务报》齐名的《国闻报》，成为在北方宣传维新变法的重要阵地。

在此期间，帝国主义列强掀起了一股瓜分中国的狂潮。1897年底，两名德国传教士在山东曹州被杀，德国乘机侵占了胶州湾（今青岛）；随

后虎视眈眈的俄国侵入旅顺、大连；法国也乘虚而入，占据了广州湾（今广东湛江）；英国伺机进占了山东威海后，又提出要拓展九龙及新界的地盘。满目疮痍的大清国，已沦落到任人宰割的地步。

同年底，举国上下要求变法图强的呼声越来越强烈。各地建立了以变法为宗旨的学会和新式学堂，出版的报刊层出不穷。到了1898年，在康有为、梁启超等维新志士的宣传和组织下，全国学会、学堂和报馆已达三百多个。一场新兴的资本主义改良运动席卷大江南北，广大民众逐渐形成了议论时政的风气。

1898年（戊戌年）初，已中进士、身为工部主事的康有为多次上书要求推行新政，只因是四品官，还无权上书皇帝。元月底，经改革派大臣张荫桓（huán）推荐，康有为的奏折头一回由总理事务衙门转呈皇帝，光绪帝看了奏折大为赞赏，立即下令今后只要有康有为的折子，必须上呈给他。

力主变法的康有为，得到了光绪帝老师翁同龢与湖广总督张之洞的支持。这使康有为的信心倍增，随后接连两次上书，建议皇帝效仿彼得大帝和明治天皇的改革，并呈上他自己的著作——《俄彼得变政记》和《日本变政考》，以及其他各国有关改革的书籍。这些变法的内容涵盖了政治、经济、军事、文教、工商等多方面的新政纲领，最终目标是推行君主立宪制。光绪帝开始每日阅读，并十分赞同这些新政内容，他决心以明治维新作为改革的样板。

1898年6月10日，光绪帝让帝师翁同龢起草一份颁布新政的改革纲领，名为《定国是诏》，并送呈慈禧太后审查报备。慈禧太后一想起甲午战争败给了东洋人，就感到抬不起头来，如今搞变法图强，那是对大清有利的事，于是点头默许。6月11日，光绪帝颁布了该诏书，表明开展变法维新的决心。由于这一年是农历戊戌年，史称"戊戌变法"，又称"百日维新"。

戊戌变法的主要内容为：

政治上整顿吏治，取消重叠的衙门和冗官，任用维新人士；允许士民上书，广开言路，破格选拔人才。经济上保护农工商业的发展，鼓励私人开办工厂。文化上创办新式学堂，废除八股取士；创办报刊，翻译西方科技文化书籍，奖励科学著作和发明创造。等等。

军事上裁减绿营，转为西式训练陆海军，允许私人设厂造军火。变法持续没几天，由于触及了以慈禧太后为首的守旧派利益而遭到强烈的抵制和反对。

6月16日，变法刚刚第六天，光绪帝召康有为入宫，很想听听他对变法受阻的看法。康有为入殿前，正巧碰到直隶总督荣禄。守旧派荣禄一见这个皇帝跟前的大红人，心里十分忌惮，眯起眼睛试探地问他："以你的博学之才，对眼下时局会有补救的办法吗？"

康有为回答："博学不敢说，只是若不变法，就不能救中国。"

荣禄一听对方语气坚定，于是顺着话茬儿接着套他的话："看来是得变法，不过我大清已有一二百年的朝纲吏治，难道说变就变？能行吗？"

康有为听出话里有话，面对这个慈禧太后的心腹，他没好气地说：“杀几个反对变法的一品大员，变法就成了。”荣禄听了心里一惊，干笑着说：“呵呵，皇上等着见你呢，快去吧！”

一见光绪帝，康有为激动得顾不上施礼，开门见山地说：“启禀皇上，如今列强已经开始瓜分我国，大清快要灭亡了。”光绪帝叹了口气说：“这全是保守派官员拖累所致，变法阻力重重，朕受到的牵制和压力也很大呀。”

康有为说：“皇上若依靠那些守旧派官员来推动改革，如同缘木求鱼，是绝没有希望的。不妨增设一些新衙门，让那些主张维新的人拥有一定职权，他们就可以发挥改革的作用了。”

通过这次面谈，光绪帝打算重用康有为，却遭到荣禄和军机大臣刚毅的极力反对。几天后，光绪帝只好给了康有为一个准许上奏章的六品章京小官，殊不知康有为在三年前就已官居六品了。康有为虽然感到失望，但仍以变法为己任，开始拼命地写奏折，为皇帝出谋划策。据载，他三个月来的奏折已达三尺之高。

光绪帝急于要改变国家的面貌，根据康有为的上书，一夜之间就裁掉了詹事府、通政司、光禄寺、太仆寺、鸿胪寺、大理寺六个部门，一时人人自危，那些身居高位的一、二品大员，也开始惶惶不安起来，猜不透皇帝接下来还要裁哪个部门。慈禧太后对光绪帝“先斩后奏”的激进行为非常生气，为此把他召到颐和园，劈头盖脸地训了一顿。

从1898年6月11日到9月21日，光绪帝为了尽快推进变法，顾不得挨骂，几乎每天一道变法诏令，以此除旧布新。

每逢宣读诏令，守旧派官员如坐针毡，唯恐丢了乌纱帽，为此，他们纷纷上书慈禧太后，要求立即杀了康有为、梁启超这些与大清王朝作对的维新派。内阁总理大臣、庆亲王奕劻（kuāng）和大太监李莲英双双跪请太后亲自掌朝，再度"垂帘听政"。

慈禧太后听了正中下怀，不禁随口对身边的李莲英说："当初若不同意变法，就会背上阻碍变法图强的黑锅，遭人唾骂；如今皇上跟着姓康的一块儿疯，乱了朝纲，都快把老祖宗的脸丢尽了。看来还得本宫出手，废掉皇上才是正经。"

话音刚落，大太监照旧天衣无缝地附和起来："老佛爷所言极是，奴才一直都是这么想的，如今朝廷人心惶惶，治理国家非您莫属啊，所以老奴才敢斗胆进谏。"

几天后，宫廷内外要废除光绪帝另立皇帝的传言四起，光绪帝很快闻到了这股火药味儿，感到自身处境危险，一时没着没落的，开始惶惶不可终日。

9月16日，心急火燎的光绪帝听从了康有为的建议，马上召见支持维新运动的天津练兵总管袁世凯，先是给他升官，然后暗示袁世凯可以撇开荣禄单独行动。岂不知隔墙有耳，宫里宫外都有太后的探子，慈禧得知后，一直就没闲着。

9月17日，康有为接到维新派官员杨锐带来的光绪帝密诏，上面写道："朕位且不能保，何况其他？"大有要维新派设法救驾的意思。为解燃眉之急，康有为立即派谭嗣同去劝说袁世凯举兵勤王。

9月18日，谭嗣同连夜赶到法华寺面见袁世凯，并向他出示了皇帝的密诏，要求袁世凯秘密起兵，诛杀顽固派荣禄，然后包围慈禧太后在颐和园住的寝宫。袁世凯生怕被牵连获罪，故作镇定地说："效忠皇上责无旁贷，杀荣禄无异于杀一条狗，只是举兵勤王须回天津部署，等到皇上御驾天津阅兵时，方可见机行事。"谭嗣同听后别无选择，只好拱手相托，向袁世凯告辞。

谭嗣同哪里晓得，袁世凯曾受到荣禄等大臣联名举荐，奏请皇上任他为督练陆军的头头，这支队伍后来发展成——清末陆军主力的北洋新军，袁世凯也很快成为荣禄手下的铁杆儿支持者，而荣禄是慈禧多年的宠臣，如今为了救一个没有军权的皇帝，袁世凯会掉转枪口吗？

第三十五章 戊戌变法

谭嗣同前脚刚走，袁世凯就坐不住了，在赶往天津的火车上，心里一直在扑腾。自从得知维新派"杀禄围园"的计划，他就满脑子不停地转悠着：皇上在密诏中自称"朕位且不能保，何况其他？"这句话，总觉得有点儿不对劲，一向在太后面前唯唯诺诺的皇上，哪儿来的那么大胆儿？居然在慈禧太后的眼皮子底下传密诏给维新派，说不定是康有为他们利用皇帝的一番感叹而夸大其词，作为劝说自己"杀禄围园"的理由，这不是打着皇上的名义反叛吗？

他越想越后怕，尽管以前跟维新派有过不错的交往，可一旦被定为"逆谋"之罪，不掉脑袋才怪呢。此时，窗外一列火车突然从对面呼啸而过，使他惊出了一身冷汗，不禁连打了几个大喷嚏。好一会儿，他才定下神来，想到自己手握新军大权，不免又有些快慰。又想起上司荣禄曾经说过"不能让汉人掌握太大的兵权"这句话，不禁在心里说："可是毕竟人家举荐过我，平日待我也不薄，再说他身后还有太后撑着腰，那可是一言九鼎的太后，天塌下来有他们顶着呢，我凭什么跟他们作对呢？"

袁世凯庆幸自己当初装作应允，没露出什么马脚来。这会儿他终于拿定了主意，一下火车直奔荣禄那里，将维新派"杀禄围园"的计划和盘托出。荣禄听了大吃一惊，当即下令封锁道路，不准队伍擅自进京。然后叮嘱袁世凯守住天津，自己改穿便服，连夜乘火车入京，直奔颐和园密见慈禧太后。

子夜时分，荣禄火急火燎地赶到颐和园，急叩园门，守门人一听半夜叫门，愣是不肯开，结果惊动了里面的侍从，跑出来一看是荣禄，赶忙引进园内。此时太后已入寝，听到太监报奏，连忙起身，召荣禄进入内室，没等他开口，就猜出了八九分，不慌不忙地问道："是康有为他们谋逆的事吧？"

荣禄连忙点头，把袁世凯告密的详情复述了一遍。慈禧太后听了震怒，连连骂道："这群叛党，竟会如此？看我怎么收拾他们！"说完立即起驾回宫，临行前命荣禄一早赶赴天津，严密监控左、右武卫军统领宋庆、董福祥所辖部队，以防军变。

1898 年 9 月 21 日凌晨，慈禧太后风风火火地从颐和园赶回紫禁城，直入养心殿。那一天，光绪帝照例要赶赴颐和园向慈禧太后请安，可还没等他出宫，太后的轿子一大早就进了皇宫，光绪帝感到十分惊诧，正要跑出来迎驾，只见慈禧太后在众人的簇拥下已闯入寝宫，一见着光绪帝就厉声质问："我抚养你二十多年，你却听从小人之言谋害我？这么做对得起我吗？"

光绪帝没想到事态会变得这么严重，惊得一时说不出话来，只见他两眼发直，额头渗汗，满是冤枉地说："我……我从来没这个意思，都……都是他们瞎编的。"

慈禧太后看着光绪帝吞吞吐吐的样子，摇了摇头，叹了口气说："你这个痴儿，今日无我，明日还能有你吗？"

光绪帝只顾低着头，吓得再不敢出声。接下来，慈禧太后将光绪帝囚禁在中南海瀛台涵元殿，自己再次临朝训政，并发布诏书，叫停了"戊戌变法"。至此，持续了一百零三天的维新运动宣告失败，史称"戊戌政变"。此后，这位懦弱而稚嫩的皇帝终日被困在这个四面环水、把守森严的孤岛上，凄凉地度过了他一生中最后的九年。

9月22日，慈禧太后下令关闭北京所有城门，封锁交通，派出三千军士在全城搜捕维新派人士。梁启超闻讯逃到日本领事馆寻求帮助，并请他们搭救康有为，日本驻华公使林权助同意提供必要的帮助。从这天起，谭嗣同竭力策划组织，打算救出被囚禁的光绪帝，由于戒备森严，三天来未获成功。

9月24日，梁启超力劝谭嗣同和自己一起去日本避一避风头，以躲开慈禧的追杀。谭嗣同坚定地回答："各国变法，没有不流血而成功的，如今的中国，还没听说有谁为了变法而流血，这正是国家难以昌盛的缘故。既然如此，就从我谭嗣同开始吧！"

第二天，谭嗣同被捕入狱，他在狱中的墙壁上题了一首诗：

望门投止思张俭，（张俭，东汉流亡名士）

忍死须臾待杜根。（杜根，东汉为躲避杀戮，佯装死亡的官员）

我自横刀向天笑，

去留肝胆两昆仑。

谭嗣同不想仿效东汉官员张俭，四处逃亡而连累志士好友，他企盼以自己的一腔热血，去唤醒沉睡的中国人。

慈禧太后没抓到康有为、梁启超二人，余怒未消，为了彻底斩断其他人跟随变法，决定杀鸡儆猴，以此明示对变法的彻底否定。9月28日，慈禧太后下诏，将谭嗣同、杨锐、刘光第、林旭、杨深秀、康广仁六人押赴宣武门菜市口行刑，命军机大臣刚毅监斩。罪名是"谋围颐和园，劫制皇太后……"被害的这六人，后人称为"戊戌六君子"。

这天，观斩的百姓达上万人，三十三岁的谭嗣同仰天大笑，无畏地喊道："有心杀贼，无力回天。死得其所，快哉快哉！"话音刚落，刽子手已不敢直视，握刀的手颤抖不已。

在一片喧嚣声中，谭嗣同视死如归，慷慨就义。顷刻，戊戌六君子洒下了满腔热血……

面对慷慨就义的戊戌六君子，当时的百姓为什么会如此冷漠呢？鲁迅先生对此事件有过精辟的见解："先觉的人，历来都是被阴险的小人、昏庸的群众压迫排挤、倾陷、放逐、杀戮。"鲁迅先生所指的"昏庸的群众"，并不知道变法图强的意义，他们一致认为，变法就是要淘汰老祖宗的东西，去接受未知的新事物，对于大多处于蒙昧状态的底层民众来说，几千年祖辈传下来的玩意儿可都是宝贝，一旦被变了法，岂不是逆了天吗？

可见，维新派严重脱离了群众，长期处于专制统治下的民众，早已经麻木不仁，又怎能预见变法图强所带来的益处呢？为此，刑场上"先觉的"六君子慷慨赴义，而众多围观者却冷漠地认为："变法与我有何干系？"

此后，清廷罢免了数十名支持维新派的官员，除京师大学堂外，全部新政均被废除。尽管"戊戌变法"以失败告终，但作为近代中国首次掀起的资产阶级改良运动，依然具有极其重要的进步意义。

戊戌政变后，慈禧太后总算高枕无忧了，可一想起维新派密谋"围园劫后"这件事，就气得总想废了迎合维新派的光绪帝。1900年（庚子年）1月24日，太后以光绪帝的名义颁诏，以不能诞育后代为由，将端郡王载漪的二儿子、十五岁的溥儁（jùn）过继到皇室中，称为大阿哥。一旦大阿哥取代了光绪帝，那以后朝廷上的事儿，还不照样是自己说了算？

没想到这个如意算盘遭到了朝廷多数人的抵制，而各国驻京公使收到慈禧太后的照会后，也一概予以反对。恼羞成怒的慈禧太后心想："这帮洋人实在可恶，我宣诏立储是家中私事，难道也要你们来管？"愤恨之余，打心眼里跟这帮外国公使结了怨。

甲午战争失败后，中国陷入了被帝国主义列强瓜分的境地，民族危机日益深重。此后的半个多世纪，清朝与西方列强签订了一系列丧权辱国的条约，深深刺伤了每个国民的民族自尊心。

19世纪后半叶，随着大量洋货涌入市场，中国传统手工业失去了竞争力，许多平民百姓为此而破产。洋人修建的铁路和引进的大型货轮，对国内传统的运输业造成了威胁，导致成千上万的底层劳工面临失业。为此，原本生活贫瘠的中国人，把这一切灾难统统归咎于外国人，产生了极其排斥洋人的民族主义情绪。

到了19世纪末，华北地区频发旱灾，迷信的官民们把天灾都归罪到洋人那里，认为洋人建铁路就是伤了"龙脉"，开矿更是放走了山中"宝气"。总之，洋人的所作所为严重扰乱了朝纲，破坏了大清的风水。此时无论官员还是百姓，对洋人都普遍抱有敌意。

自从西方列强获得在中国建立教堂和传教的权利后，大批传教士进入中国。为了扩大势力范围，一些传教士无视地方政令，利用各种手段聚敛钱财，强购民田来兴建教堂，尤其是德国在山东的侵略行径，使得当地人民对外国洋教格外反感。

1897年，山东冠县飞地梨园屯（今河北省邢台市威县）村民与教会因土地纠纷发生冲突。威县梅花拳师赵三多应村民阎书勤等人呼救而前往援助。此后，赵三多将名下的梅花拳改名为义和拳，并由此迅速蔓延开来，地方上兴起了以拜神练拳为主的众多帮会组织。而一些闲散流民摇身一变为教民，乘机在传教士的庇护下

横行乡里。

一时，各地仇教排外的受灾民众，很快加入了以义和拳、大刀会为首的民间组织，开始在山东、河南、江苏、直隶等地聚集攻打教堂、驱逐传教士。

1860年后的四十年间，全国陆续发生了被清政府称为教案的事件共达八百多起。备受教案困扰的曾国藩在奏折中写道："凡教中犯案，教士不问是非，包庇教民；领事也不问是非，袒护教士。遇有民教争斗，平民受屈，教民反胜。教民势焰愈烈，平民愤郁愈甚。郁极必反，则聚众而案发。"

1899年，刚刚升任山东巡抚的毓贤为了迎合慈禧太后的仇外心理，特地赶来报奏说："山东兴起了一个反洋教的民间组织叫义和拳，这些人刀枪不入，可以利用他们来对付那些多事的洋人。"

慈禧太后一听就来了精神，马上派自己的宠信刚毅去打探义和拳的虚实。刚毅外出转了几天，回来后添油加醋地报奏："义和拳果真是金钟罩体，非同凡响。要是放他们进来围攻各国使馆，洋人还不吓跑了？到时候宣诏立帝，还不是太后您说了算啊。"

工于心计的慈禧太后竟然信以为真，心病立刻好了一半儿，于是把驱走外国公使的念头，完全寄托在这个"刀枪不入"的神秘组织上。她哪知义和拳成员的复杂性呢？可以说"上自王公卿相，下至倡优隶卒，几乎无人不团"，可见义和拳组织极为松散，很难集中力量作战。

善于揣摩慈禧太后心思的毓贤，不断煽动排外情绪，鼓动拳民暴乱。他认为"民心可用"，对义和拳采取安抚的办法招纳入团，并将义和拳改为"义和团"。而慈禧太后正想利用义和团来打压洋人的气焰，重振祖宗朝纲，巩固封建帝制，致使事态越演越烈。

庚子年（1900年）初，废帝心切的慈禧太后，不顾各国公使抗议，发布了维护义和团的诏令。这一来，原来除拳剿匪的清军头目荣禄，摇身一变成了扶助义和团的官爷，不但向团民发放饷银，还邀请义和团的大师兄到天津开坛聚众。

此时，有了朝廷的认可和毓贤的唆使，山东、河北的团民大张旗鼓地喊出了"扶清灭洋"的口号，开始成批拥入北京，并沿途拆电线、毁铁路，大肆烧毁教堂、杀害外国传教士及中国教民。

随着"反洋教"行动愈演愈烈，事件不断升级。1900年6月16日，义和团拥入北京前门地带，焚烧了"老德记"西药房等洋货铺，并将最繁华的大栅栏商业街付之一炬。按地面官保甲牌统计，仅在一天之内，有一千八百余家店铺和七千多间民房被烧成废墟，凶猛的火势一直烧到正阳门城楼。与此同时，各国使馆也遭到来自义和团和清军的围攻，京津两地的外国人更是感到十分恐惧，纷纷要求各国驻华使馆予以保护。

6月17日，慈禧太后听到外国联军已攻占大沽口炮台的消息，随后又收到荣禄以讹传讹得来的假情报，扬言外国人要求太后归政于皇帝，一怒之下，打算彻底利用义和团跟洋人"真刀真枪"地大干一场。

6月19日，清廷照会各国驻华使节，发出"限二十四点钟内各国一切人等均须离京"的要求。当晚，各国公使联名致函总理衙门，以路途无法得到安全保障为由，要求延缓离京日期。

6月20日上午8时，德国公使克林德独自带着翻译柯达士，乘轿前往清廷总理衙门交涉公使撤离一事，不料行至东单西总布胡同西口时，克林德被端郡王载漪的虎神营击毙，柯达士受伤。德国以"克林德事件"为由，联合了英、法、美、日、俄、意、奥，共八个国家，组成了联合远征军，以保护驻京使馆为名，准备同义和团以及支持义和团的清军作战。

21日，慈禧对外颁布《宣战诏书》，紧接着，十万义和团和清军，仍以大刀长矛来攻打只有四百多名洋兵把守的东交民巷使馆区和西什库教堂。前者尽管人多势众，却一连两个多月没能攻下来。直到8月中旬，八国联军在天津大开杀戒，随后两万多联军由天津进犯北京，清军和义和团才被迫退出京城。

8月15日凌晨，慈禧太后再也坐不住了，自知这是《宣战诏书》在火上浇油，惹得洋人发了疯，若不把义和团给卖了，自己这把老骨头怕是难保，于是赶紧做了两件事来讨好洋人：一是打算割地赔款，二是立刻翻脸，命令各地清军转头剿杀义和团。随后携光绪帝及随从一行仓皇向西逃去。

在逃亡途中，太监们对老佛爷又是安抚又是奉承，可慈禧此时再也没有心思聆听这些肉麻的话，不耐烦地摆了摆手说："得了得了，赶紧传我诏令，通知李鸿章作为全权代表去向各国公使议和。"说完她一咬牙，再次发布了彻底铲除义和团的命令。

当清廷态度大变后，许多义和团组织迅速消亡。这场19世纪末打着"扶清灭洋"旗号的义和团运动，最终在背信弃义的清政府与八国联军的内外夹击下宣告失败。

八国联军进入北京后，尽管衣冠楚楚，却无法掩饰那充满狼性的烧杀劫掠与作恶多端。连日来，这些衣冠禽兽给京城百姓带来了深重灾难。

1900 年 10 月，法国率先向战败国清朝提出惩治义和团以及赔款等六项要求，以此作为与清廷谈判的基础，其他列强对此又做了补充和修改。到了年底，八国变成了十一国（加上了比利时、西班牙与荷兰），共同向清廷提出《议和大纲》十二条。

1901 年（辛丑年）9 月 7 日，内阁总理大臣奕劻和直隶总督李鸿章受慈禧太后之命，在北京与这十一个国家签订了丧权辱国的《辛丑条约》。其中规定，中国向各国列强赔款总额达四亿五千万两白银，分三十九年还清。

纵观风风火火的义和团运动，虽然被清政府利用而功败垂成，但它标志着近代中国民族意识的觉醒。美国驻华特使柔克义在一封信中提到："……义和团起义是中国摆脱外国人的束缚，争取民族解放的爱国运动。"

事后八国联军司令、德国人瓦德西向德皇威廉二世报告说："中国所有好战精神，尚未完全丧失，可于此'拳民运动'中见之。"为此他得出结论："无论欧、美、日各国，皆无脑力与兵力……故瓜分一事，实为下策。"

由此可见，义和团不畏强暴，前仆后继，敢于同敌人血战到底的英雄气概，在很大程度上削弱了清政府的统治地位，打击了帝国主义列强的嚣张气焰。

第三十七章

铁路之父

当风雨飘摇的晚清政府日趋衰败时，华夏大地涌现出一位位寻求振兴国家的仁人志士，其中就有享誉中外的"铁路之父"詹天佑。

詹天佑，字眷诚，江西婺源人。1861年出生在一个普通茶商家庭。

1870年，清末首位留美归来的学子容闳（hóng），向清廷倡议派遣幼童出国留学，得到了曾国藩等人的支持。

同治十一年（1872年），清政府决定选派幼童留洋，以引进西学，革新社会。詹天佑的父亲詹兴洪在好友谭伯邨（cūn）的劝说下，决定送儿子詹天佑去参加出洋选拔考试。

这位长年在广州与澳门经商的香山人谭伯

郴，有一个比詹天佑小七岁的女儿。为了表达对詹家儿子出洋留学的全力支持，他当即表示，愿意把女儿谭菊珍嫁给詹天佑，就这么两家定下了娃娃亲。

随后，十一岁的詹天佑顺利入选"幼童出洋预习班"，被送入上海出洋局预备班学习汉文和英文。一年后，詹天佑和另外二十九名学生远渡重洋，作为首批赴美读书的幼童。第二年，詹天佑进入美国康奈狄克州威士哈芬小学。

他当时寄宿在该小学数学老师诺索布夫人家里，诺索布先生毕业于耶鲁大学，正是这所小学的校长。生活在校长家的詹天佑，得到了诺索布一家如同亲人般无微不至的照顾与悉心教导。尤其是诺索布夫人，她以超越种族国界的博大母爱，时刻温暖着来自积贫积弱国度的幼小心灵，照亮了小天佑求学的理想之路。

聪明好学的詹天佑，面对诺索布夫人缕缕春风般的关爱与奉献，他时时感恩于怀，铭记在心，学习更加刻苦。

小小年纪的他，感到自身的英语底子远远不够，于是每天坚持背诵英语课文，有机会就常和外国小伙伴们用英语聊天，以此来提高自己听和说的能力。

赴美留学的小伙伴们目睹了欧美科技所取得的诸多成就，尤其对机器、火车、轮船以及电讯制造业的迅速发展赞叹不已。由于中西方差距明显，一些同学不禁对中国的前途感到悲观，而詹天佑却满怀信心地说："今后的中国，一定也要有火车和轮船。"

1876年，詹天佑以优异成绩考取了纽哈芬的希尔豪斯高级中学。由于勤奋与刻苦，詹天佑的成绩始终名列前茅。三年后，詹天佑以总分 476 分，全班第一、全校第二名的优异成绩，从希尔豪斯学校顺利毕业。

在诺索布夫人的建议下，十七岁的詹天佑报考了耶鲁大学。该所大学是美国最具影响力的顶尖学府之一，与哈佛大学、普林斯顿大学齐名。在备考的日子里，詹天佑废寝忘食，日夜苦读。功夫不负苦心人，在诺索布夫人的悉心培育下，1878 年 8 月，詹天佑如愿以偿，以优异成绩考入耶鲁大学谢菲尔德理工学院土木工程系，专习铁路工程。

在这个藏龙卧虎的知名学府里，詹天佑如鱼得水，刻苦钻研，日益精进。大一和大二连续两年取得了数学第一名的优异成绩，并取得了数学奖学金。第三年，他成为耶鲁大学优秀生联谊会会员。

1881 年，二十岁的詹天佑出色地完成了大学本科课程，撰写了毕业论文《码头起重机的研究》，以杰出的成绩名列毕业考试第一，成为当年归国的一百余名留美学生中第一个顺利拿到学士学位的学员。

回国的那一刻，詹天佑满含热泪地与诺索布夫人相拥告别，他们虽说没有血缘却胜似母子。诺索布夫人殷切地希望他学成回国，报效与拯救中国。在双双惜别的泪花中，詹天佑深知自己肩负的责任与使命。

踌躇满志的詹天佑，回国后正准备把所学本领贡献给国家的铁路事业，清廷洋务派却一味迷信外国，认为修筑铁路只能依靠洋人，竟不顾詹天佑的专业特长，把他差遣到福建水师学堂学习驾驶海船。1882 年 11 月，清廷又把他派往旗舰"扬武"号担任驾驶官，指挥操练。

1883年，中法战争爆发，蓄谋已久的法国舰队于次年蠢蠢欲动，陆续进入闽江。这时，詹天佑对"扬武"号管带（舰长）张成说："来了这么多法国兵船，一定没安好心。虽然我们接到不准先行开炮的命令，但要时刻做好防备。"

由于詹天佑的告诫，"扬武"号一直密切关注着敌舰的动态，当法舰发起突袭时，詹天佑冒着猛烈的炮火，沉着机智地指挥"扬武"号行驶，一边迅速转舵来避开敌方炮弹，一边及时抓住战机，用尾炮击中法国指挥舰"伏尔他"号，使法国海军远征司令孤拔险些丧命。

不久，上海英商创办的《字林西报》对这场海战做了如下报道："西方人士料不到中国人会这样勇敢力战。'扬武'号兵舰上的五个学生，以詹天佑的表现最为勇敢，面临大敌却毫无惧色，尤其在生死存亡的紧要关头还能镇定如常，鼓足勇气，在水中救起多人……"

从战后到1888年，詹天佑几经周折，转入中国铁路公司担任见习工程师，负责铁路铺轨工程。被埋没七年之久的詹天佑，终于有机会献身于祖国的铁路事业。这一年，他任工程师主持修建了唐山铁路，成为我国第一条具有国际标准轨距的铁路。

1894年，当时在建的津榆铁路（从天津到山海关）需造一座横跨滦河的铁路大桥，由于滦河泥沙深，水流急，难以建造桥墩。詹天佑首次采用压气沉箱法来修建滦河大桥桥墩地基，成功解决了因季节洪流冲毁桥桩的施工难题，引起中外关注。从此，年轻的詹天佑脱颖而出，在业界崭露头角。第二年，他担任铁路工程师修建的京津铁路，成为我国第一条复线铁路。

1905年初，清政府决定修筑京张（北京—张家口）铁路。为了排除英国、俄国等殖民主义者的重重阻挠，总督办袁世凯最终决定，委派业界已颇有名气的詹天佑担任京张铁路局总工程师，主持修建我国自主设计和建造的第一条铁路——京张铁路。

京张铁路长约二百二十二公里，是通往西北的交通要道，需穿越军都山脉，途经地势险峻的居庸关，由于地势高，岩层厚，需要开凿大段隧道，工程异常艰巨。为争夺筑路权，英、俄两国虽然相持不下，却口出狂言，认为中国不具备修筑此路段的实力。英国报刊甚至挖苦说："建造这条铁路的中国工程师恐怕还未出世呢！"并预言"中国人想不靠外国人自己修铁路，就算不是梦想，至少也得五十年"。

面对洋人的讥讽，詹天佑早有预料。他对全体筑路队员坚定地表示："中国地大物博，而于一路之工，必须借重外人，我以为耻！"他以大无畏的气概和胆识，没有用一个外国工程师，亲率队伍迎难而上，开始了筑路攻坚战。

同年6月，詹天佑经过详细勘探后回到天津总部，提出了勘测及调查报告，并拟定了三大段的修筑方案。末了，他在报告中指出："此路早成一日，国家即可早日获利，商旅也可早日享受便捷，还可早日杜绝外国人的觊觎；而修筑之难，实为前所未有。"

面对山峦起伏的八达岭，詹天佑采用了"竖井开凿法"技术，解决了隧道工程中渗水、塌方等困难，大大提高了工作效率。同时，

采取两端向中间凿进的方法来开通居庸关。

此外，为了解决爬坡困难，詹天佑大胆创新，设计出一种"之"字形路轨。当火车抵达高坡时，前后以两部大马力机车一推一拉，从而解决了火车上陡坡的难题。这些独具开创性的技术震惊中外，詹天佑也因此被称为"中国铁路之父"，此举成为他最为突出的贡献。

京张铁路从 1905 年 9 月 4 日正式开工，到 1909 年 10 月 2 日在南口举行通车典礼，仅用了四年时间，比原计划提前了两年。按当初预算，京张线施工以及购置机车、车辆的费用为白银七百二十九万两，而实际仅用了约七百万两。此时，四十八岁的詹天佑伫立在深秋的霞光里，眺望着由近及远、气势恢宏的闪亮铁轨，终于舒心地笑了。

1919 年 2 月，詹天佑不顾腹疾疼痛，抱病参加远东铁路国际会议。他与日方代表展开论战，揭露了日本企图霸占我国中东铁路的险恶用心，成功捍卫了我国中东铁路的自主权与筑路权。

回乡途中，他抱病再次登上长城极目远望，不禁感叹道："生命有长短，命运有沉升，初建路网的梦想破灭令我抱恨终天，所幸我的生命能化成匍匐在华夏大地上的一根铁轨。"

1919 年 4 月 24 日，詹天佑终因疲劳过度，病情恶化，在汉口病逝，年仅五十八岁。

1922 年，中华工程师学会为该会第一任会长詹天佑在青龙桥车站建立了一座铜像，永远纪念这位杰出的"中国铁路之父"。

一百年后的今天，我国铁路运营里程已达十五万公里，高铁运营总里程已突破四万公里，位居世界第一。此时，詹天佑若在天有灵，携手与他相伴的爱妻一道来俯瞰一番祖国密如蛛网般的铁路、桥梁、隧道，将会是怎样地倍感欣慰，欢喜异常！

第三十八章

恢复中华

同治年间，自从慈禧太后垂帘听政后，抱残守旧的大清朝在近半个世纪里，逐步走向半殖民地半封建社会的深渊。此间，中国诞生了一位民主革命的伟大先驱，他就是率先举起反帝反封建旗帜，提出"起共和而终两千年封建帝制"的孙中山。

孙中山，名文，号逸仙，1866 年 11 月 12 日出生于广东省香山县（今广东中山）翠亨村。由于家境贫苦，他的哥哥孙眉于 1871 年远赴美国夏威夷州檀香山做工，后来在茂宜岛（夏威夷中的一个岛屿）垦荒，经营农牧业兼商业，时常汇款接济家中，使窘迫的家境有所好转。

1876 年，孙中山进入村塾读书，接受传统教育。当时，村中有个太平天国的遗兵叫冯爽观，时常向孩子们讲述太平军反清的战斗故事，孩提时代的孙中山听得入神，不禁对太平军里的这些英雄心生仰慕。

入学两年来，孙中山对课堂上一味背诵四书五经的教学方式产生了怀疑，心想：这不是死读书吗？于是他忍不住问老师："读这些书，一点也不懂，有什么意思呢？"

此外，年少的孙中山对古代社会里女人缠足、蓄婢以及盛行于澳门的赌博现象十分反感，他不禁自问：积贫积弱的中国怎样才能富强呢？

1878 年，在长兄孙眉的资助下，十二岁的孙中山随母亲赴檀香山，后辗转广州、香港等地，接受比较系统的西方近代教育。

1883 年，十七岁的孙中山自檀香山归国，面对贫困落后的家乡，他抑郁难平。在他的倡议下，村里采取了一些改革乡政的措施，"如教育、防盗、街灯、清道、防病，皆为筹办"。同时为了破除封建迷信，他与同乡好友陆皓东一起捣毁了北帝庙偶像。在迷信的乡民看来，这种渎神行为属于大逆不道，于是将两人赶了出来。之后他们来到香港，于 1884 年 5 月 4 日，双双在香港接受洗礼，加入了基督教。

在香港期间，孙中山与同乡杨鹤龄、广东人陈少白和九列经常在杨父经营的店铺——香港"杨耀记"里秘密集会，大谈反清逐满，针砭时弊，总结太平天国兴亡的经验教训。此后逐渐发展为倾向革命，提倡共和。中法战争（1883—1885）期间，孙中山目睹清政府的专制与腐败，时常发表反清言论，萌发了以资产阶级政治体制改造中国的思想。

1892年春，孙中山的同乡老大哥郑观应在澳门编成五卷本《盛世危言》，并将孙中山写的《农功》一文润饰后收入书中。在两人的忘年之交中，孙中山受到郑观应早期改良主义思想的启发。同年秋天，孙中山以第一名的成绩毕业于香港西医书院，随后到广州开设药局，一面在澳门、广州等地行医，一面结交反清秘密会社，准备创立革命团体。

同年9月，二十六岁的孙中山来到澳门镜湖医院，出任新设的西医局首任义务医师，成为澳门的第一位华人西医。

随着清廷与列强签订一系列不平等条约，19世纪末的中国已沦为半殖民地半封建社会。眼看中华民族有被西方列强瓜分的危险，孙中山决定抛弃"医人生涯"，而进行"医国事业"，并希望通过直隶总督李鸿章，使清政府实行自上而下的社会改革。

1894年1月，孙中山写下了《上李鸿章书》，集中阐述了关于仿效西方政治制度以图中国富强的革新主张。提出"人能尽其才，地能尽其利，物能尽其用，货能畅其流"的观点，提出在政治、经济、教育等制度方面进行改革的建议。此后，孙中山同陆皓东一起从上海赶赴天津，希望当面向李鸿章倾诉自己的救国主张。

此时正值中日甲午战争爆发前夕，李鸿章早已焦头烂额，哪里还会见他们呢？于是，二人又来到北京，此时清廷上下正在紧锣密鼓地筹备慈禧太后的六十大寿。两人在深深的叹息中目睹了清廷中枢的腐败与堕落，认定清政府已无药可救，由此立志要推翻清王朝的统治。

1894 年 11 月，孙中山再赴檀香山，在华侨中广泛宣传推翻帝制的革命思想。11 月 24 日，二十多个赞同孙中山主张的进步华侨，在檀香山聚议，取"振兴中华"的含义，成立了中国第一个民主革命团体"兴中会"，明确提出了"驱除鞑虏，恢复中华，创立合众政府"的主张，并坚定地表明"倘有二心，神明鉴察"，以此作为兴中会的誓言。

在孙中山起草的《兴中会章程》里，第一次向中国人民提出了推翻君主专制政府、建立民主共和国的革命纲领。《章程》怒斥清王朝昏庸误国，招致严重的民族危机，强调以"振兴中华，挽救中局"为目的，深刻揭露了清朝统治下"政治不修，纲维败坏，朝廷则鬻爵（yù jué，出卖爵位）卖官，公行贿赂，官府则剥民刮地，暴过虎狼。盗贼横行，饥馑交集，哀鸿遍野，民不聊生"的社会现状，公开申明了兴中会的反清宗旨。至此，孙中山完成了由改良主义者向民主主义者的伟大转变。

1895 年初，二十八岁的孙中山从檀香山回到香港，陆皓东立即赶赴香港会合，一同筹备"香港兴中会总会"。甲午战争失败消息传来，孙中山决定发动第一次起义——广州起义。陆皓东制订了详细的计划，并着手设计了起义军军旗。

起义原定于 1895 年 10 月 26 日重阳节举行，不料计划泄露，陆皓东不幸被捕，后被押赴刑场，慷慨就义，年仅二十七岁。孙中山为此悲痛不已，称赞这位友人是"中国有史以来，为共和革命而牺牲的第一人！"次日晚，孙中山被迫流亡海外。

之后，孙中山被清廷悬赏通缉。1896 年 9 月 30 日，孙中山从

美国抵达英国伦敦，不久在伦敦遭清公使馆诱捕，曾任香港西医书院教务长的康德黎等人闻讯赶来，全力营救才使他脱险。此后，孙中山详细考察了欧美各国的政治、经济状况，通过与欧美各国进步人士接触，研究多种流派的政治学说，逐渐构建了民生主义理论，三民主义思想由此初步形成。1897年，孙中山赴日本，广泛结交日本的各进步人士。

在横滨宣讲革命思想时，孙中山强烈批评了那些认为共和政体不适于中国国情的谬论，赞美共和是中国"治世的真髓，先哲的遗业"。他一再强调，为避免地方豪强割据和外国列强入侵，只有进行迅雷不及掩耳的革命，才能建立共和政体。

最后，他旗帜鲜明地表示："方今世界文明日益增进，国皆自主，人尽独立，但中国人却沦为'三等奴隶'，不得不自进为革命之先驱。"

孙中山慷慨激昂的一席话，震撼了在场的所有听众。随后，日本进步人士在不同时期，以各种方式支援孙中山和他倡导的中国革命。

1898年戊戌变法后，孙中山与以康有为、梁启超为代表的改良派曾商谈过合作问题，但因改良派坚持保皇路线，合作未能实现。

1899年，孙中山在香港地区筹办的《中国日报》，成为最早宣传反清革命的报纸。1900年，孙中山委派自己的生死之交、反清志士郑士良发动惠州起义。革命党人史坚如为策应这次起义，在广州谋炸两广总督德寿，结果行动失败，被捕遇害。紧接着，香港地区兴中会首任会长杨衢云也被德寿派人刺死。至此，孙中山策划并领导的第二次武装反清斗争再次失败。

此后，孙中山组织了多次武装起义，由于缺乏群众基础、组织不够严密而屡遭失败，但革命党人前仆后继的英雄气概，沉重打击了清王朝的黑暗统治，给全国人民以极大的鼓舞。

1905 年 8 月，孙中山与黄兴等人，以兴中会、华兴会、光复会等反清革命团体为基础，在日本东京创建了全国性的资产阶级革命政党——中国同盟会，孙中山被推举为总理，他所提出的"驱除鞑虏，恢复中华，创立民国，平均地权"的革命宗旨被采纳为同盟会纲领。在同盟会机关报《民报》的发刊词中，孙中山首次系统地提出了民族、民权、民生三大主义，正是这面三民主义的伟大旗帜，吹响了推翻帝制的战斗号角。

日落西山的晚清，尽管"无可奈何花落去"，却仍然死抱着"普天之下，莫非王土"的祖训，一味在那里苟延残喘，以此彰显气数未尽。此间偏偏有个胆大的书生，敢于直言不讳地在报纸上发表署名文章，指名道姓地骂皇帝是小丑。这个敢于挑战皇权的人，就是章太炎。

章太炎（1869—1936），清末民初著名的民主革命家、思想家、学者。他对世事常抱以批判的态度，好作惊人之语，因此被人冠以"章疯子"的绰号。这位余杭人曾坦言："我的面孔可以打，但意志不可夺。"在他惊世骇俗的言论背后，是一颗火热的爱国之心。尽管国家濒临衰亡，他仍积极教授国学，号召人们为了民主自由进行不懈

第三十九章

铁窗同仁

二三五

的斗争。

1903年夏，章太炎在上海《苏报》上发表《驳康有为论革命书》，公开批驳康有为所谓的"满汉不分，君民同治"的观点，实则是"屈心忍志以处奴隶之地"等保皇立宪的论调，并以轻蔑的口吻骂光绪帝为"载湉小丑，不辨菽麦"。《苏报》一案引发了无数人的热议。

无独有偶，一位年轻的资产阶级革命家邹容，由于共同的革命理想，同章太炎走在了一起，二人不但建立了深厚的友谊，而且还成为忘年之交。

出身于富商家庭的邹容（1885—1905），是四川巴县（今重庆）人。六岁入私塾，十二岁读四书五经、《史记》《汉书》及名家传记。此时，百日维新运动逐日高涨，邹容开始接触以"新学""西学"为主的书刊，书上的内容使他醍醐灌顶，开始抵触专制文化和科举制度。他对帝国主义列强瓜分中国的狂潮深感忧虑，逐渐看清了统治者的腐败嘴脸。这些思想上的变化，很快反映在他与父亲对科考的分歧上。

父亲坚持要他参加科举，他却讨厌经学的迂腐陈词，鄙视那些八股功名，一心向往维新变革，喜欢阅读严复翻译的《天演论》、梁启超创办的《时务报》等以变法图存为宗旨的新学书刊。他曾对父亲说："臭八股儿不愿学，满考场儿不愿入，衰世功名，得之又有何用？"父亲没想到小小年纪的儿子如此叛逆，气得打也不是骂也不是，心想：牛不喝水强按头，只会适得其反，还是随他去吧。

后来改名为炳麟的太炎先生在《赠大将军邹君墓表》中由衷地赞扬邹容敢于反对尧舜，轻视周公和孔子，大胆批判专制礼教的反叛精神。

1898年，戊戌六君子遇难的噩耗传来，邹容悲愤不已，在诗中写道："赫赫谭君故，湘湖士气衰。惟冀后来者，继起志勿灰。"以此表达他深深的惋惜之情和立志变革的决心。此后，忧国忧民的邹容由于常常议论时政，触犯了当局禁忌，被重庆经学书院除名。

1901年夏，十六岁的邹容赴成都投考留日官费生，因倾向维新思潮，临行时被督学取消了资格。邹容并不气馁，决计自费赴日留学。这时他的舅父刘华廷劝阻他说："中国贫弱，这是天运，你一人岂能挽回？试看为国图强的谭嗣同，头被切去，甚至波及父母，难道你还不明白吗？"邹容听了抑郁难平，但并未改变自己的初衷。

第二年秋，邹容到达了东京。在旅日期间，他阅读了卢梭的《民约论》、孟德斯鸠的《万法精理》及《法国革命史》《美国独立檄文》等大量讲述西方民主革命启蒙的著作，在民主革命思想的影响下，他积极参加中国留学生发起的爱国民主运动，公开提倡反清革命。与此同时，他奋笔疾书，开始撰写宣传民主革命、富于战斗精神的檄文《革命军》。全书约有两万言，分作七章，比较全面地论述了当时革命存在的诸多问题。

1903年3月底，邹容对清政府留日陆军学督姚文甫长期压迫学生的行径深感愤怒，当众揭穿了他欺压学生的丑陋嘴脸，与同学一起把姚文甫的辫子给剪了。这下犯了大忌，为了避免被清廷迫害，他于 4 月返回上海，在入住的爱国学社与章太炎一见如故，两人谈得十分投机。

邹容当时年仅十八岁，而章太炎已经三十四岁，在文坛享有盛名。尽管两人的社会阅历和学术地位悬殊，但对民主、自由的渴望将他们紧紧地连在一起，使他们成为患难与共的莫逆之交。

当章太炎读了邹容的《革命军》后，十分感慨地说："邹小弟写得如此通俗易懂，读来激动人心，真是好文章啊。"当即写了一篇《〈革命军〉序》。

1903 年 5 月，这本《革命军》署名"革命军中马前卒邹容"，由上海大同书局正式出版。6 月 10 日，《苏报》刊登了章太炎的《〈革命军〉序》，称它是震撼社会的"雷霆之声"。

此前，已有人把《革命军》与《驳康有为论革命书》合编印行为《章邹合刊》，秘密发往各地，众多读者赞称章、邹的"革命佳话"为"珠联璧合"，为此，他们不仅是心心相印的志士同仁，也是可贵的诗文之友。

在这本充满爱国热情的《革命军》中，邹容以激烈的言论、痛快淋漓的文字，无情地揭露了清政府反动卖国的种种罪行，有力抨击了专制主义，热情讴歌了革命的伟大力量，指出革命的目的是"扫除数千年种种之专制政体，脱去数千年种种之奴隶性质"，呼吁推翻清朝统治，建立"中华共和国"。《革命军》为两千多年的专制帝制敲响了丧钟，为资产阶级民主革命吹响了号角，成为一篇名副其实的反帝反封建的战斗檄文。

《革命军》一经摆上各大书店，就被读者抢购一空。这些带有强烈革命色彩的论说，在国内外引起巨大轰动，清朝统治者惊惶万分，认为"此书逆乱，从古所无"，慈禧太后更是大为震怒，认为邹容和作序人章太炎是"劝动天下造反，非拿办不可"。1903 年 6 月底，章太炎被捕，邹容不愿让他一人承担责任，愤然于 7 月 1 日挺身而出，到巡捕房投案。

担任主审的官员本来要判处二人终身监禁，迫于社会舆论的压力，此案的审理一波三折。1904 年 5 月 21 日，上海租界会审公廨（xiè，官署）终于正式宣布，章太炎被判处监禁三年，邹容监禁两年。为了反抗狱卒的虐待，章太炎曾绝食抗争，并与邹容共同写成《绝命词》，以此互相勉励，生死与共：

平生御寇御风志，近死之心不复阳。

愿力能生千猛士，补牢未必恨亡羊。

在狱中铁窗的寒光下，章太炎为了勉励病中的战友邹容，写了一首《狱中赠邹容》，诗中高度赞扬了邹容的革命精神，表达了自己与邹容同为革命献身的壮志豪情：

邹容吾小弟，被发下瀛洲。

快剪刀除辫，干牛肉作粮（hóu，干粮）。

英雄一入狱，天地亦悲秋。临命须掺手，乾坤只两头。

此时，《革命军》一书已风行海内外，销售量达一百一十万册，它呼唤人们尽快觉醒，企盼革命高潮的到来。孙中山看到《革命军》后，赞赏不已，认为"此书感动皆捷，其功效真不可胜量"。1903 年，他到檀香山改组兴中会，建立了"中华革命军"，确定"今后同志当自称为军，所以记邹容之功也"。

　　1905 年 4 月 3 日，邹容在狱中不幸被折磨致死，年仅二十岁，遗著辑有《邹容文集》。次年 6 月，章太炎三年刑满出狱，东渡日本，继续从事反清革命工作。1911 年辛亥革命爆发，推翻了清王朝，成立了南京临时政府。1912 年 3 月 29 日，经孙中山批示，追赠邹容为"陆军大将军"荣衔。

在 1905 年同盟会成立以前，除孙中山领导的兴中会外，还有个重要的武装革命团体，就是黄兴领导的华兴会。

1874 年 10 月 25 日，黄兴出生在湖南善化县，他的父亲黄筱村是晚清秀才。黄兴五岁时跟父亲学《论语》、练书法、背诵唐诗和宋词。八岁开始读私塾，并深受明末清初湖南大儒王夫之的影响。通过诵《楚辞》，读《春秋》，十四五岁的黄兴已经文采飞扬，成为远近闻名的少年才子。

19 世纪下半叶，帝国主义列强对中国大肆侵略，风雨飘摇中的清政府日趋衰落。国破山河碎的社会现实，对少年黄兴产生了极大影响。尤其是中日甲午战争的败绩，使黄兴再也无心功名科考，他暗暗立下救国图强的决心。

1896年（光绪二十二年），长沙善化举行县试。二十二岁的黄兴受父母之命，抱着试试看的心态走进考场。不久榜上题名，中了秀才。当全家为他举杯祝贺的时候，黄兴却平静地吟诵起自己的新作《别母应试感怀》："……一第岂能酬我志，此行聊慰白头亲。"说明他应试只是为了慰藉双亲，表现了他志在报国的拳拳之心。

1898年，二十四岁的黄兴由于学习成绩出色，被保送至武昌两湖书院读书。这所由张之洞主办的书院采取的是中西结合的教学模式。在校期间，黄兴在《民约论》等西方民主革命思想的启蒙下，对百日维新运动的失败深感痛惜；戊戌政变的残暴行径令他义愤填膺；而内忧外患的中国在列强的瓜分下，江河日下、满目疮痍……凡此种种，使他进一步看清了统治阶级的腐朽本质，深知中国必须爆发革命，只有推翻封建帝制才能有出路。

1902年，黄兴以优异的成绩被张之洞选送到日本留学。此后，黄兴多次进出日本，东京成了他日后策划革命活动的重要基地。他还将原名黄轸改为黄兴，号克强，并在自述中写道："我的名号，就是我革命的终极目的，这个目的就是兴我中华，兴我民族，克服强暴。"

在日本期间，黄兴一面学习军事，一面宣传革命理论，以此"造就革命人才"。1902年底，他和湘籍同学在东京创办了《游学译编》刊物，介绍西方民主革命的历程和革命领袖人物，报道国内外时政，宣传反清革命思想。

1903 年沙俄侵华加剧，留日学生掀起了拒俄运动，黄兴与同学们一道，奔走在东京街头，愤怒声讨沙俄的侵华罪行。同时，黄兴积极参加拒俄义勇队，每天坚持操练，准备随时开赴东北前线。清政府获悉后，密令逮捕学生代表，同时勾结日本政府，强令解散学生军。

1903 年 5 月底，黄兴回国途经上海时，应长沙明德学堂创办人胡元倓（tán）的邀请，赴该校任教。他利用教书做掩护，很快结识了一批反清志士。11 月初，黄兴以庆祝二十九周岁生日为名，邀约宋教仁、刘揆一、章士钊等十余人，在长沙保甲巷友人家中举行了秘密会议。

会上大家一致认为：必须组织革命团体，积极进行排满（推翻清朝）革命，才能挽救国家危亡。并决定成立革命组织"华兴会"。根据黄兴的建议，确定了以"驱除鞑虏，复兴中华"为革命口号。大家一致推举黄兴为会长，宋教仁、刘揆一为副会长。为避开清廷监视，会上决定华兴会对外采用"华兴公司"的名义，以半公开的形式出现，用"矿业"代"革命"，"入股"代"入会"，股票即是会员证。并以"同心扑满，当面算清"为口号，以此隐喻会员们"扑灭清朝"的斗争意志。

随后，黄兴就反清武装起义的问题，明确阐述了指导思想和具体的战略方针。

第一，武装起义的最终目标是"直捣幽燕，驱除鞑虏"。北京作为清王朝的首都，在政治和军事上都处于举足轻重的地位，只有以暴力形式，才能推翻这个庞大的政治军事实体，确保新政

权的建立，实现资产阶级政治理想。

第二，武装起义的基本策略是"地方革命"。对于有人鼓吹在首都发动"中央革命"的观点，黄兴认为并不适于中国的国情，他指出，只有走"地方革命"的道路，才能逐步壮大革命力量，进而收复首都北京，推翻清政府的反动统治。

第三，武装起义的战略战术是"雄踞一省与各省纷起"。在黄兴看来，一省具备了起义的条件，就可率先发动起义，作为革命的策源地和根据地。当其他省份响应后，才能牵制各地清军，使清政府顾此失彼而陷于混乱，革命才能获得成功。

第四，起义主要依靠的力量是洪会党人（反清组织）和新军（新建陆军）。会党尽管成分复杂，但主体大多由破产的农民演变而来，无疑是革命党团结的力量。而新军虽然是清朝镇压人民的暴力工具，但具备转化为革命军的可能性，为此应创造各种条件，争取把他们由反革命武装变为革命武装。

至此，数千年帝制下的华夏民族，诞生了第一个呼唤民主的革命团体，它的成立，将武装起义放在了突出位置，阐明了指导思想和战略方针，标志着反清起义日趋成熟，预示着革命高潮即将来临。

1904 年 2 月 15 日，黄兴等人以除夕聚宴为名，在明德学堂召开了华兴会正式成立大会，入会者很快达到四五百人。面对高涨的革命热情，黄兴等人按照既定的起义方略，着手筹划长沙武装起义，并做了大量的准备工作。

为了营造革命舆论，华兴会利用"作民译社"印发了大量的宣传品,如《新湖南》《苏报案》《警世钟》《革命军》等。由于书刊争相代售,刚入春季,宣传反清、呼唤革命的刊物已在长沙城内随处可见。尽管当局屡下禁令,大街小巷依然遍布"交头手指,争相阅诵"的人群。据当地官员统计,长沙各书店发售的"逆书"竟达四十一种之多。

随后,黄兴与刘揆一等人制定了起义的具体步骤,准备在11月16日慈禧太后七十寿辰那天,在皇殿引爆炸药,乘机起义。不料这个起义计划因走漏风声而流产,为躲避追捕,黄兴只好再次出走日本。

长沙起义虽然未果,但被海内外称为"中国内地革命之先声"的华兴会,对于全国接踵而来的反清起义甚至以后武昌起义的爆发,产生了十分重要的影响。

1905年7月23日,孙中山来到东京,经日本友人宫崎寅藏介绍,孙、黄二人一见如故,各抒己见、畅谈国事,筹划建立革命组织。8月20日,一个阳光明媚的下午,中国同盟会在东京宣告成立。

在热烈的掌声中,黄兴宣读了章程草案,"驱除鞑虏,恢复中华,创立民国,平均地权"这铿锵有力的十六字方针,成为同盟会的政治纲领,它的具体含义为:"鞑虏"是指腐朽的清政府,"驱除鞑虏,恢复中华"即用革命的手段推翻帝国主义的傀儡清王朝,打击帝国主义列强在华势力;"建立民国"即建立资产阶级共和国;"平均地权"指改革土地制度。由于同盟会的政治纲领适应当时的历史潮流,符合广大民众的要求,得到了全国人民的拥护。

热血沸腾的会员们,个个慷慨激昂,他们纷纷投笔从戎,立誓要推翻腐朽没落的封建帝制，用自己的青春、热血和生命去谱写民族复兴的凯歌。

会上选举孙中山为总理，黄兴为执行庶务（主管各项事务），会员们亲切地称二人为"孙黄"。同盟会作为中国近代第一个全国性的统一的资产阶级革命政党，首次从组织上把全国主要的革命团体联合起来，使这些分散的团体聚集成统一的革命力量。它标志着中国资产阶级民主革命进入了一个新的阶段。

第四十一章 鉴湖女侠

　　长沙起义的革命风暴，使惶惶不可终日的清政府惊魂未定。不久，海外传来中国同盟会铁骨铮铮般的誓言，吓得清廷大肆搜捕革命党人，疯狂镇压此起彼伏的革命起义。在此期间，涌现出一位飒爽豪迈的女侠，她就是中国女权和女学思想的倡导者，为妇女解放运动摇旗呐喊、为推翻数千年专制帝制而献身的巾帼英雄秋瑾。

　　1875 年 11 月 8 日，秋瑾生于福建闽县一个官宦世家，后来迁往浙江绍兴定居。她自幼随兄就读家塾，从小喜爱诗文写作。十五岁那年，凭着坚韧顽强的性情，摔摔打打地跟表兄学会了舞刀弄枪、骑马击剑，逐渐形成了她剑胆侠风般的倔强性格。

义和团运动失败后，面对满目疮痍、乱象丛生的华夏大地，少年秋瑾更是救国情切，她不甘"与世浮沉，碌碌而终"，不禁愤然道："身不得，男儿列；心却比，男儿烈。"期盼早日戎装上阵，像花木兰、秦良玉那样奔赴疆场，成为拯救民族危亡的巾帼英雄。她曾感言："人生处世，当挽救艰难时势，以吐抱负，怎能为了米盐琐屑终其一生？"

1894年，十九岁的秋瑾随做官的父亲秋寿南来到湖南湘潭县，秋寿南在当地结识了湘潭首富、曾国藩的表弟王殿丞。王殿丞见秋瑾长得端庄可爱，就有心想让她做儿媳妇，于是托媒人上秋家给自己的儿子王廷钧提亲。一来二去，秋瑾的父母见王家公子相貌清俊，性格温和，又毕业于岳麓书院，很是满意，认为两家门当户对。

秋瑾对王廷钧并不了解，但在旧社会里，儿女婚事全凭父母之命，媒妁之言。1896年，秋瑾在父亲的安排下，身不由己地嫁给了湘潭市"义源当铺"王老板的儿子王廷钧为妻。

岁月如梭，几年来秋瑾为王家添了一儿一女。1900年，王廷钧通过老爹的表哥曾国藩这层亲属关系，捐了一个户部主事的京官，随后携妻儿搬迁到北京。在秋瑾的记述中，偶有"夫婿近来习洋文"的字样，这是她婚后对丈夫最为温馨的一句好评。不久，为避庚子战乱，丈夫举家返回湘乡荷叶神冲。

1903年，王廷钧携妻女第二次去北京复任。秋瑾逐渐适应了京城环境，结交了不少社会精英。通过阅读进步书报，接受新思想，她大开眼界。这时有件令她丈夫感到"惊世骇俗"的事情发生了，并为此大动干戈。

一天傍晚，秋瑾怀着强烈的好奇心，第一次换上男装去戏园子看戏，开创了上层社会女性进戏院的先河。王廷钧得知后火冒三丈，认为有失体统，一气之下打了秋瑾，性情刚烈的秋瑾哪肯屈从？从那以后，夫妻间的隔阂日益增加。面对夫妻渐渐离心的状态，秋瑾曾用"琴瑟异趣，伉俪不甚相得"来暗示包办婚姻带来的苦果。

此时，维新变法运动正在北京迅猛展开，《时务报》《国闻报》等关于维新图强的声浪，不断撞击秋瑾的内心，仿佛打开了新世界的大门，"物竞天择，适者生存"的生物进化论，使她茅塞顿开，而"君主立宪"的政体观念，又令她激动不已，并从心底里为此欢欣鼓舞，觉得国家终于有希望了。

自称"鉴湖女侠"的秋瑾，面对外国侵略者的野蛮暴行，义愤难平。当清廷与日本签订了《马关条约》后，爱国心切的秋瑾十分痛心，她忍不住劝丈夫："天下兴亡，匹夫有责。你要好好念书，为将来国家的繁荣富强和个人前途着想。"

不料王廷钧却不屑地说："朝廷只能割地赔款，委曲求全，我们这些匹夫能有什么责？"

虽然话不投机，但秋瑾仍想挽回丈夫的心。当话题谈到戊戌政变后谭嗣同等人蒙难的惨烈遭遇时，秋瑾不禁热泪盈眶，高度赞扬志士们为了国家和民族的利益，视死如归、慷慨就义的大无畏精神，不料身边的丈夫却大骂谭嗣同等不过是"中华乱党、士林败类"。秋瑾听了十分气愤，忍不住和他大吵了一架。渐渐地，

面对志向相悖而又固执的丈夫，秋瑾心里充满了苦涩，觉得眼前的夫君越来越陌生了。

为挽救国家危亡，秋瑾决定远赴日本留学，寻求救国救民的真理。王廷钧虽然极力反对，但又深知秋瑾个性倔强，就将秋瑾的首饰珠宝和积蓄扣了起来，想以此阻止她留洋。

秋瑾气愤地说："你可以窃去我的钱财，但你捆不住我出国留学的决心。"她变卖了仅剩的财产和衣物，在好友吴芝瑛等人的帮助下，于1904年7月东渡日本，开始了她的革命生涯。

在东京期间，秋瑾通过努力很快学会了日语。她先后结识了鲁迅、陶成章、黄兴、宋教仁、陈天华以及广东籍的何香凝、冯自由等革命志士，从此走上了革命救国的道路。她的词作《鹧鸪天》（鹧鸪，zhè gū，此为词牌名），抒发了她敢于为国捐躯的壮志豪情：

"祖国沉沦感不禁，闲来海外觅知音。金瓯已缺总须补，为国牺牲敢惜身！嗟险阻，叹飘零，关山万里作雄行。休言女子非英物，夜夜龙泉壁上鸣。"

一年来，她积极参加留日学生的宣讲活动，曾与《苏报》馆主人陈范的长女陈撷芬发起共爱会团体，以此开展妇女解放运动。同时，与同盟会成员刘道一、王时泽等十人结为秘密会，以反抗清廷、恢复中原为宗旨，创办了《白话报》。后来又参加了洪门天地会，受封为"白纸扇"（军师）。

1905年春，秋瑾回国筹集活动经费，此间分别在上海、绍兴拜会了光复会会长蔡元培、徐锡麟。后经徐锡麟介绍加入了光复会。此时，国内革命形势如火如荼、发展迅速。

同年 7 月初，她回到东京"青山实践女校师范科"继续学习。7 月中旬，孙中山从欧洲抵达横滨，与黄兴、陈天华等人商议，联合各革命团体，筹备成立中国同盟会。在黄兴的引见下，秋瑾兴奋地拜会了孙中山，倾心交谈后，她十分钦佩孙中山的革命主张，积极要求加入同盟会。经冯自由介绍，秋瑾在黄兴的寓所参加了入会仪式。不久，秋瑾被推为同盟会评议部评议员和浙江主盟人。

1906 年初，日本政府颁布取缔留学生规则，秋瑾奋起抗议，随后出于激愤而回国，不久在上海参与创办了中国公学。同年秋，为筹措创办《中国女报》经费，在夫家取得了一笔办报经费后，为了避免当局株连家庭，即和家人诀别，声明脱离家庭关系。以此明告世人，自己从事的革命事业与家人毫无关系。

1906 年底，秋瑾与徐锡麟分头准备皖、浙两省起义，徐锡麟为赴安徽做起义准备，邀请秋瑾管理由他和陶成章创立的绍兴大通学堂。秋瑾为进一步加强学堂的军事训练，创建了光复军。

1907 年元月，为号召妇女起来参加反清斗争，秋瑾决定创办《中国女报》，以"开通风气，提倡女学，联感情，结团体，并为他日创设中国妇人协会之基础为宗旨"。并为该报写了发刊词，号召女界为"醒狮之前驱""文明之先导"。还先后发表了《敬告姊妹们》《勉女权》等文章与诗作，为中国妇女运动谱写了光辉的一页。

1907 年 7 月 6 日，徐锡麟在安庆起义失败，次日被捕，惨遭杀害。

7 月 10 日，秋瑾得知徐锡麟遇难，在悲愤中又联想到了大义凛然的谭嗣同，她拒绝了要她离开绍兴的一切劝告，立刻遣散众人，表示"革命要流血才会成功"，毅然留守大通学堂。7月13日，清兵包围了学堂，秋瑾不幸被捕。

被捕后的秋瑾坚贞不屈，挥笔写下了"秋风秋雨愁煞人"这传世的七字绝命诗。7月15日凌晨，这位年轻的女杰，从容不迫地走向轩亭口刑场英勇就义，年仅三十二岁。

孙中山怀着深深的惋惜之情，为秋瑾题词"鉴湖女侠千古巾帼英雄"，并作楹联："江户矢丹忱，感君首赞同盟会；轩亭洒碧血，愧我今招侠女魂！"

回顾秋瑾在日本留学期间，曾写下"不惜千金买宝刀，貂裘换酒也堪豪。一腔热血勤珍重，洒去犹能化碧涛"的《对酒》诗句，成为她短暂一生的真实写照。这首侠骨丹心的诗篇，不断唤醒沉睡中的广大民众奋起抗争。最终，迎来了暴风骤雨般的辛亥革命运动。

1907 年 7 月，在清王朝的疯狂镇压下，革命党人前仆后继，在中国同盟会的领导下，发动了一次又一次以推翻封建统治、建立资产阶级共和国为目的的武装起义。

1908 年 4 月 30 日，由孙中山等人策划、黄兴发动的钦州、廉州、上思武装起义，因缺乏后援而相继失败。随后，1910 年 2 月在广州爆发了新军起义，因事前发生了警察与新兵械斗事件，起义被迫提前，但终因仓促上阵又告失败。风起云涌的革命起义虽连连败北，却使清政府处在风声鹤唳、草木皆兵的高度戒备中，清廷为防止新军反戈，居然将新军各营的弹药秘密收缴。遭受重挫的革命党人，面对一次次起义的失败，不免

第四十二章

黄花岗祭

一五五

产生了悲观失落的情绪。

为了激发士气，11 月 13 日，孙中山在马来西亚槟榔屿召集黄兴、赵声、胡汉民等中国同盟会的主要骨干，以及海外反清志士与国内东南各省代表举行秘密会议，决定再发动一次大规模的广州起义。会议计划以广州新军为主干，另由南洋和闽、苏、皖、川、桂、粤等地的同盟会骨干，组成"先锋"敢死队，首先占领广州，然后分兵两路，一路由黄兴率领直入湖南再取武汉，一路由赵声率部下士兵出江西，随后往长江流域与举兵响应的谭人凤、焦达峰会师南京，共同北伐，直捣北京。

1911 年 4 月 8 日，统筹部根据本省以及各省配合起义的部署情况，定于 4 月 13 日由赵声、黄兴担任正、副总司令，分兵十路进攻广州。谁知计划刚刚部署完毕，有个叫温生才的同盟会会员，在广州东门外连开数枪，击毙了清政府任命的广州将军孚琦，两广总督闻讯立刻宣布全城戒严，不久温生才被捕就义。

在这关键时刻，又发生了革命党人吴镜在运送炸弹时不幸被捕的事件，总督衙门如同惊弓之鸟，立即拼命搜捕革命党人，而此时美洲支持起义的款项迟迟未到，在日本购买的军械也未能如期交货，起义日期不得不推迟。4 月 23 日，黄兴留下了一封写给孙中山的绝命书，随后由香港潜入广州，在两广总督衙门附近的小东营五号设立了起义指挥部。

1911 年 4 月 27 日下午五时三十分，随着一声声急促的海螺号角，黄兴带领敢死队一百二十余人，手执枪弹，直扑两广总督署。霎时枪声四起，揭开了辛亥三二九广州起义的序幕。

只见喻培伦胸前挂满一筐炸弹，率先带领四川籍的同盟会员攻打总督衙门。他左手持枪，右手投弹。当围墙被炸开后，他们遭到督署卫兵的疯狂抵抗。此时起义军枪弹齐发，敢死队队长徐维扬连开数枪，将负隅顽抗的卫队管带当场击毙，义军乘机蜂拥而入，从前厅搜到后厅，却不见两广总督张鸣岐的身影。

黄兴率众一把火点燃了督署衙门，冲出来去捉拿逃跑的张鸣岐，刚行至东辕门外，偏偏迎面遇上水师提督李准的亲兵卫队，两军相距仅五十米。林时爽被敌人一枪击中头部，当场牺牲。

在密集的枪战中，起义军刘元栋、林尹发等五人相继中弹。黄兴被打断右手中、食二指第一节，顿时血肉模糊、鲜血淋漓。情急之下，他强忍剧痛，一边继续射击，一边将义军分为三路：川、闽等南洋党人直攻督练公所；徐维扬率四十人攻小北门；黄兴率方声洞、朱执信等出南大门，以接应防营。

此时，喻培伦率队转攻西北角的督练公署，在街口与大批赶来增援的清兵遭遇，双方枪声大作，战到半夜，死伤战友多人，喻培伦尽管全身多处受伤，仍奋力率众退至高阳里盟源米店，以米袋为垒，继续向敌射击。后因清兵放火烧店，只得被迫突围，终因寡不敌众，喻培伦、林觉民等人重伤被俘，慷慨就义。

攻往小北门的徐维扬一队，很快遭遇上清军。经过一夜激烈的巷战，打死打伤敌人多名。张鸣岐一见，气急败坏地下令烧街，徐维扬趁着黑夜的火光迅速率部突围，侥幸脱险。

最后，队伍在突围中被打散，枪声渐稀，只剩下黄兴一人。他趁乱躲进一家洋货店，换下血衣，扎住流血的断指，改装后逃到暗设于广州的革命机关徐宗汉家中，徐宗汉立刻为他包扎伤口，并护送他到香港就医。

这次起义，除黄兴一部及顺德会党按期行动外，其余各路均未行动。胡毅生、陈炯明仍以准备不足为由，在起义前一晚双双撤出广州；姚雨平因未能及时领到枪械，起义爆发后不知所踪。而当广州新军准备响应时，发现弹药箱内无子弹，再看营房四周，虎视眈眈的清军早已把枪口对准了他们，于是整个计划失败。

广州起义失败后，中国同盟会会员潘达微不顾清朝当局禁令，利用自己是《平民日报》记者的身份到处奔走，终于通过当地慈善机构，冒死向清政府领回了被杀害的七十二具烈士遗体（实际牺牲八十六人），并用自己的房产做抵押，买下了东郊白云山下的一块荒地红花岗，将暴露于街市的七十二位革命志士收殓合葬在那里。

潘达微在沉痛的吊唁中，认为红花不足以体现英烈们的浩然正气，沉吟半晌，决定选取带有缅怀之意的黄花来祭奠对烈士们的哀思，并将这片神圣的墓地改名为黄花岗，以象征烈士们不屈的革命精神。为此，这次广州起义史称"黄花岗起义"，牺牲的烈士又称"黄花岗七十二烈士"。

英烈们洒下的鲜血，极大地激发了广大人民的斗志，成为即将爆发的辛亥革命的前奏。黄花岗七十二烈士，为挽救民族危亡，在慷慨就义中呈现出来的大无畏革命英雄气概和崇高的牺牲精神，汇聚成一首首悲壮的革命史诗，永远铭刻在人们的心中。

第四十三章

末代皇帝

1908 年深秋，日暮穷途的清政府持续大开杀戒，革命党人不断惨遭杀戮。此时，往日宁静闲适的醇王府，正被一个小孩子不停的哭闹声搅成了一锅粥，府里所有的人都盯着醇亲王载沣，只见他目光呆滞，无奈地瘫坐在那里苦笑。这是怎么回事呢？

原来，戊戌政变后，被囚禁在瀛台多年的光绪皇帝抑郁成疾，身体一年不如一年。光绪帝当了一辈子傀儡皇帝，连个后代也没有。此时，拖着病体的慈禧太后要在众多宗室里选出一个沾亲带故、顺自己心意的皇族子弟来继承皇位。

慈禧太后想来想去，认为光绪帝的母亲既然是自己的亲妹妹，还得从光绪帝死去的老爹醇贤亲王奕谩（xuān）这条血脉上来寻。跟光绪帝血缘最近的是谁呢？就是他同父异母的弟弟载沣。

就这样，1902 年 9 月，十九岁的载沣同比他小一岁的瓜尔佳氏举行了隆重的婚礼。几年后，载沣就和嫡福晋生了两个儿子——溥仪和溥杰。慈禧兴奋得赶忙立储，选择了当哥哥的娃娃，也就是光绪帝的大侄子。于是不到三岁的爱新觉罗·溥仪成了皇太子。

1908 年初冬，在一个月黑风高的夜晚，溥仪被宫里来的人抱进了紫禁城。已经病入膏肓的慈禧太后躺在床上，听见太监来报，马上沙哑着嗓子喊道："快抱来给我瞧瞧。"

小家伙迷迷糊糊地被抱了过去，一见周围那么多生面孔，立刻感到惶恐不安。慈禧太后看了一眼，点了点头，就让人把溥仪抱走了。

第二天，即 1908 年 11 月 14 日，宫中传来了在瀛台被囚禁十年的光绪帝驾崩的消息，慈禧立刻在病榻上下了懿旨，宣布溥仪为新皇帝，自己为太皇太后，自己的亲侄女、光绪帝的皇后隆裕为皇太后。载沣也没能闲着，身不由己地被慈禧太后推上监国摄政王的位置，辅助年幼的儿子溥仪管理国家。

11 月 15 日，掌控中国近半个世纪的慈禧太后终于咽了气。朝廷为此举行了国丧。消息传开，许多国人兴奋地群集在一起公开欢庆。两周后，寒风凛冽，天空弥漫着阴森森的雾霾，开始了清朝末代皇帝溥仪的登基大典。

紫禁城太极殿内琴瑟喧嚣，钟鼓齐鸣。慈禧太后与光绪帝双双驾崩虽然已有半月余，丧葬的阴影却仍然笼罩在文武百官的身上，他们衣冠楚楚、排列整齐，神色忧郁地集结在太和殿下，静候着幼帝登基的时刻。

冻得浑身发抖的溥仪被安放在高大的皇座上，准备接受皇亲国戚、文武大臣的朝拜和宣誓效忠。突然，一声声"万岁"震耳欲聋，吓得小皇帝再也坐不住了，他拼命晃着小脑袋寻找王妈，这是宫里唯一能呵护他的人，只有跟王妈在一起，溥仪心里才踏实，可那天偏偏不准她参加大典。据说是诏书上的规定，须由摄政王载沣全程陪伴儿子溥仪完成这场漫长的登基典礼。

瞬间，溥仪"哇"的一声大哭了起来，凄厉的哭声远远盖过了琴瑟钟鼓的声音……

溥仪在后来的回忆录中写道："我感到拖沓、沉闷，加上那天天气奇冷，因此当他们把我抬到太和殿，放到又高又大的宝座上的时候，早超过了我的耐性限度。我父亲跪在宝座下面，双手扶我，不叫我乱动，我却挣扎着哭喊：'我不挨这个，我要回家。'父亲急得满头是汗。文武百官的三跪九叩没完没了，我的哭喊也越来越响。我的父亲只好哄我说：'别哭别哭，快完了。'他说这话意在安慰我，却给文武百官留下了惨淡的印象，他们把这看作是不祥之兆。"

溥仪登基后的第二年，年号改成了宣统，年幼的溥仪被人们称为宣统帝。

在革命党人持续的起义风暴下，1911年5月，摄政王载沣重新打起新政立宪的旗号，任命了包括十三名成员在内的第一届内阁，而里面居然有七人是宗室皇家子弟。这徒有其表的立宪决策，被革命党人和立宪派讽刺为"皇族内阁"，引起社会舆论大哗，一致认为清廷毫无立宪诚意，骨子里仍旧坚守着帝制。

为此，很多立宪党人从此倒向革命派，各界支持革命的人士越来越多，促使革命党人的队伍迅速壮大。一个普遍的共识在率先觉悟的志士中建立起来：既然以和平方式进行的公允立宪已经完全无望，那么以武力推翻帝制的革命风暴，将不可避免地席卷而来。

1911年10月爆发了武昌起义，多个省宣布独立，清王朝迅速解体。1912年元旦，中华民国临时政府在南京成立，孙中山被推举为临时大总统，发布《临时大总统宣言书》《告全国同胞书》等文件，正式宣告中华民国的诞生。

1912年2月12日，隆裕太后被迫代溥仪颁布了退位诏书，宣告了清王朝两百多年统治的灭亡。从此，中华民族结束了两千多年的专制帝制时代。

出版后记

《故事里的中国历史》系列后五本由林力平先生创作完成。为保持系列图书通俗化的特有风格,林力平先生以历史为脉络,但又不拘泥于历史本身,进行了充满趣味性的再创作。

林力平先生不忘祖父重托,殚精竭虑坚持创作,其间因劳累两度入院。为配合出版工作,他分秒必争,竟带病审核文稿,其情其志感人至深。林力平先生的文风亦雅亦俗,浑然自成一家,为保持作品的"原汁原味",我们在编辑过程中秉持"尊重原貌"的原则,不做过多修改,以期为读者呈现作品最完整的风貌,希望能为读者带来不一样的阅读体验和收获。